ANGERS, IMPRIMERIE BURDIN ET Cie, RUE GARNIER, 4.

MÉMOIRES

POUR SERVIR A L'HISTOIRE

DES

DÉCOUVERTES GÉOGRAPHIQUES

ET

ETHNOGRAPHIQUES

EN OCÉANIE

PAR

LE Dr E. T. HAMY

Membre de la Commission de topographie des Gaules, des Sociétés
de géographie de Paris, d'Amsterdam, etc.

EXTRAITS DU BULLETIN DE LA SOCIÉTÉ DE GÉOGRAPHIE

PARIS

LIBRAIRIE CH. DELAGRAVE
ÉDITEUR DE LA SOCIÉTÉ DE GÉOGRAPHIE
15, RUE SOUFFLOT, 15

1878

MÉMOIRES

SUR

L'HISTOIRE DE LA GÉOGRAPHIE

ET DE L'ETHNOGRAPHIE

DE L'OCÉANIE

PARIS. — IMPRIMERIE DE E. MARTINET, RUE MIGNON, 2

MÉMOIRES

POUR SERVIR A L'HISTOIRE

DES

DÉCOUVERTES GÉOGRAPHIQUES

ET

ETHNOGRAPHIQUES

EN OCÉANIE

PAR

LE Dʳ E. T. HAMY

Membre de la Commission de topographie des Gaules, des Sociétés
de géographie de Paris, d'Amsterdam, etc.

EXTRAITS DU BULLETIN DE LA SOCIÉTÉ DE GÉOGRAPHIE

PARIS

LIBRAIRIE CH. DELAGRAVE

ÉDITEUR DE LA SOCIÉTÉ DE GÉOGRAPHIE
15, RUE SOUFFLOT, 15

1878

COMMENTAIRES

SUR QUELQUES

CARTES ANCIENNES

DE LA

NOUVELLE-GUINÉE

POUR SERVIR

A L'HISTOIRE DE LA DÉCOUVERTE DE CE PAYS

PAR LES NAVIGATEURS ESPAGNOLS

(1528-1608[1])

I

Il y a quelques mois à peine, le capitaine John Moresby, de la marine royale britannique, publiait le récit de ses récentes croisières dans le Pacifique sur le navire *Basilisk*, et joignait à son texte deux belles cartes donnant pour la première fois le tracé bien arrêté de toute l'extrémité orientale de la Nouvelle-Guinée et des deux groupes d'îles qui prolongent cette grande terre dans la direction de l'est[2].

Ces cartes étaient le fruit d'observations nombreuses et précises recueillies pendant deux campages fort habilement menées sur des côtes où jamais, croyait-on, les Européens ne s'étaient encore aventurés et qui, en tout cas, n'étaient représentées dans les atlas modernes que sous une forme toute sommaire et profondément incorrecte.

Reprenant et complétant presque, dans le sud-est du

---

1. Communiqués à la Société de Géographie dans sa séance du 2 mai 1877.

2. J. Moresby, *New-Guinea and Polynesia. Discoveries and Surveys in New-Guinea and the d'Entrecasteaux Island, a Cruise in Polynesia and Visits to the pearl-shelling Stations in Torres Sraits, of H. M. S. Basilisk*. London, 1876, in-8°. — Les deux cartes insérées dans ce volume représentent, l'une, l'ensemble des côtes de la Nouvelle-Guinée et des archipels voisins explorées par le *Basilisk*, l'autre, l'extrémité S.-E. de la grande terre et le détail des îles Hayter, Basilisk et Moresby.

groupe néo-guinéen, l'œuvre à laquelle Owen Stanley, Yule, Blackwood, Dumont d'Urville, Ruault-Coutance, Edwards, Bougainville, etc., avaient attaché leurs noms, le commandant du *Basilisk* avait été assez heureux pour pouvoir relier les observations de ces divers navigateurs à celles que d'Entrecasteaux avait prises dans son célèbre voyage sur l'autre bande de l'île.

Chemin faisant, M. Moresby avait trouvé un grand nombre de choses nouvelles et fort intéressantes pour la science. Il avait constaté, par exemple, que la Nouvelle-Guinée se termine au sud-est par une sorte de large fourche, et non par le promontoire maigre et effilé que l'on voit pointillé sur toutes les cartes récentes. La plus méridionale des deux branches de la fourche se continue en une masse serrée d'îles grandes et petites formant un archipel au travers duquel le marin anglais a successivement reconnu deux passages qui doivent abréger considérablement la navigation d'Australie en Chine. La pointe nord de la fourche est en relation avec la plus méridionale des îles d'Entrecasteaux, dont M. Moresby a tracé tous les contours vers l'ouest, en même temps qu'il relevait la côte de la grande terre jusqu'au delà du 7º degré.

L'œuvre de M. Moresby, que la Société géographique de Londres n'avait fait qu'en partie connaître[1], renferme bien d'autres découvertes dans le détail desquelles il ne nous est pas possible d'entrer aujourd'hui. Elle a obtenu dans le monde scientifique un véritable succès. Ses textes ont été l'objet de nombreux commentaires très généralement favorables, et ses cartes reproduites dans quelques-uns des recueils spéciaux les plus répandus[2] sont déjà devenues presque classiques.

1. Capt. J. Moresby, *Recent Discoveries at the Eastern End of New-Guinea* (*Journ. of the Roy. Geogr. Soc.*, vol. XLIV, p. 1, 1874). — *Discoveries in Eastern New-Guinea by captain Moresby and the officers of H. M. S. Basilisk. Ibid.*, vol. XLV, p. 153, 1875.)

2. *Ocean Highways. The Geographical Review*, décembre 1873. — *Petermann's Mittheilungen*, t. XX, taf. 5, 1874 — Etc.

A se placer exclusivement au point de vue *actuel*, comme ont fait tous les critiques qui se sont occupés des campagnes de M. Moresby, les éloges presque unanimement décernés au commandant du *Basilisk* ne semblent pas exagérés. Mais à prendre les choses au point de vue du passé, l'expédition anglaise perd une certaine partie de son importance, car elle ne se montre plus, jusqu'à un certain point, aux yeux de l'historien, que comme ayant élargi et perfectionné à l'aide de toutes les ressources de la science nautique moderne, des découvertes commencées il y a plus de deux siècles dans des conditions bien autrement difficiles et oubliées, il faut bien l'avouer, presque aussi rapidement qu'elles avaient été faites.

M. Moresby, qui a comparé attentivement les résultats de ses opérations avec ceux qu'avaient obtenus ses devanciers immédiats, ne s'est point occupé des voyageurs en Nouvelle-Guinée antérieurs à Bougainville et à d'Entrecasteaux. L'un de ces vieux marins, Espagnol de nation, avait pourtant pénétré longtemps auparavant dans les eaux qu'a sillonnées le *Basilisk* en 1873 et 1874.

Sur une ancienne carte d'Asie que je mets sous les yeux de mes collègues, la Nouvelle-Guinée, entièrement tracée, quoique d'une manière bien incorrecte, porte en effet, *jusqu'à ses extrémités les plus orientales*, une nomenclature fort chargée, d'origine presque exclusivement espagnole.

Cette carte, dont un extrait réduit aux deux-cinquièmes accompagne le présent mémoire, fait partie d'un atlas édité à Amsterdam en 1700 par Pierre Mortier [1] et intitulé :

1. *Suite du Neptune François ou Atlas nouveau des cartes marines levées par ordre exprès des Roys de Portugal sous qui on a fait la découverte de l'Afrique, etc., et données au public par les soins de feu M. d'Ablancourt, dans lequel on voit la description exacte de toutes les côtes du monde, du détroit de Gibraltar, de la mer Océane méridionale ou Ethiopienne, de la mer des Indes orientales et occidentales, etc. Où sont exactement marquées les routes qu'il faut tenir, les bancs de sables, rochers et brasses d'eau, et généralement tout ce qui*

Suite du Neptune françois, ou Atlas nouveau des cartes marines, etc., etc.

Frémont d'Ablancourt avait recueilli la plupart des matériaux de l'important ouvrage dont je viens de transcrire le titre, pendant son ambassade en Portugal. A sa mort, survenue en 1693 à La Haye, où la révocation de l'Édit de Nantes l'avait contraint à se réfugier, il avait légué ses documents à M. d'Hallewyn, qui les avait confiés à Pierre Mortier pour les donner au public[1].

L'éditeur en fit la base d'un second volume de son recueil aujourd'hui devenu très rare, en les fondant parfois, sans beaucoup de critique, avec d'autres documents qu'il possédait déjà. C'est ainsi que la feuille droite de la CARTE DES COSTES DE L'ASIE SUR L'OCÉAN montre une immense terre allongée presque directement de l'ouest à l'est, et dont la partie occidentale, dite *Terre des Papous* et teintée en vert, reproduit à peu près ce que l'on trouve sur les cartes publiées vers le même temps aux Pays-Bas, tandis que la partie orientale, teintée de jaune, faisant dans une large mesure double emploi avec la précédente, est couverte de noms espagnols, témoins de vieilles expéditions pour la plupart oubliées depuis longtemps et parmi lesquelles le voyage au sud-est, auquel j'ai déjà fait précédemment allusion, tient une large place.

C'est surtout à cette portion de la carte que doivent s'appliquer mes commentaires. Il me faut pourtant auparavant interpréter rapidement la moitié occidentale qui, sans offrir rien de bien remarquable, contient pourtant quelques indications utiles à signaler.

Une grande péninsule, d'une largeur à peu près égale dans toute son étendue et dirigée du nord-nord-ouest au sud-sud-est, à laquelle vient se souder vers sa base un long

---

concerne la navigation, le tout fait sur les observations et l'expérience des plu habiles ingénieurs et pilotes. Amsterdam, Pierre Mortier, 1700, f°.

1. *Op. cit.,* f° 1.

promontoire régulièrement conique, tourné vers l'ouest-sud-
ouest, telle est la *Terra des Papous* de la carte de Pierre
Mortier. Ce sont presque exactement les formes que revêt
la Nouvelle-Guinée connue des Hollandais dans les cartes
de Martentz de Leeuw (1623), de Tasman (1644), de Jansson
(1652), etc. [1], et qu'elle conservera sans variation notable
jusque vers la fin du xviii⁰ siècle.

Les noms géographiques y sont pour la plupart écrits en
hollandais ou traduits de cette langue en latin et en français, et rappellent les voyages heureux ou malheureux des
navigateurs des Pays-Bas pendant le xviiᵉ siècle. Ce sont de
droite à gauche, sur la côte nord, les vingt-cinq iles (25 *in-
sulæ*) vues par Schouten en 1616 et qui font partie de l'archipel de l'Amirauté[2]; une *terre haute*, le *Haut-Coin* de la
carte du même voyageur, le *Haut Mont* (*Hoòghe Bergh*) de
son texte [3], qui semble correspondre à une portion de la
côte voisine de la baie Kornelis Kinersz; *Moa* et *Arimoa*,
deux iles rencontrées par la même expédition [4], qui crut y
trouver la preuve de relations antérieures des indigènes
avec les Espagnols [5], et revues par Tasman dans ses deux
voyages de 1643 et 1644 [6]; l'*Ile de Guillaume Schouten*, qui
a pris le nom du célèbre navigateur qui l'a longée en 1616,

<hr>

. 1. P. A Leupe, *De Reizen der Nederlanders naar Nieuw-Guinea en
de Papoesche Eilanden in de 17⁰ en 18⁰ eeuw* (*Bijdragen tot de Taal-
Land-en Volkekunde van Nederlandsch Indie.* 3ᵉ Volgr. D. X 1875, in-8'
taf 2). — R. H. Major, *Early voyages to Terra Australis now called
Australia,* London, Hakluyt Society, 1859, in-8°, p. xcvii. — *Cinquiesme
partie du grand Atlas.* Amstelodami apud Joannem Janssonium, 1652,
in-f°, — etc.

2. Journal *ou relation exacte du voyage de Guill. de Schouten dans
les Indes par un nouveau destroit et par les grandes Mers Australes
qu'il a descouvertes vers le Pôle Antarctique.* Paris, 1618, in-12, p. 180-
181. — Cf. *Miroir oost and west Indical.* Amsterdam, 1621, in-4°.

3. *Ibid.*, **p**. 183.

4. *Ibid.*, **p**. 196.

5. *Ibid.*, **p**. 195.

6. J. Burney, A *Chronological History of the Discoveries in the
South Sea or Pacific Ocean.* Vol. III, p. 106, 1813, in-4°. — *Major, op.
cit.*, p. 96 et pl.

et dont Mysore est le vocable indigène[1]; enfin, un *cap de Goedehoop* (Bonne-Espérance), mal placé par Mortier, mais qui est bien certainement celui que Tasman a ainsi dénommé, sous la latitude la plus septentrionale de la péninsule nord-ouest, où l'on peut encore lire son nom, et qu'il ne faut point confondre avec le Goedehoop de Schouten[2], aujourd'hui cap Saavedra, qui forme la pointe occidentale du groupe de Mysore[3].

A la côte sud-ouest nous rencontrons au pied du *Sneeberg*, *die Sneeuw Berch* de la carte de Martentz de Leuw[4], *Sneeuw Gebergte* des cartes modernes, un lieu dit *Dodthlagers* pour *Doodslagers*, meurtriers, appelé ainsi, sans aucun doute, en souvenir de l'assassinat de Carstens et de ses huit compagnons (1623). On sait, par les instructions données à Tasman en 1644[5], que le théâtre de cet horrible drame gît par le 5e degré; la carte du voyage de Carstens l'appelle *Dootslagers Rivier*[6] et place le cours d'eau de ce nom dans un point qui paraît correspondre à l'Outanata.

Retournée, un peu au sud, paraît être une mauvaise leçon de *retournée*, traduite du Keerweer hollandais[7] qu'on lit

---

1. On donne aujourd'hui le nom d'îles de Schouten à l'ensemble des îles qui ferment au nord la grande baie du Geelvink, et qui comprennent le groupe de Mysore (Saok, Biak, etc.), Mafor, Misuomin, Jobie et Koeroedoe.

2. Schouten, *Ed. cit.*, p. 200. — Cf. Tasman, trad. de Burney, vol. III, p. 107 et n.

3. Un point tout voisin de celui qu'on appelle le cap de Goede Hoop s'appelle sur la carte que j'interprète *cap Désiré;* nous verrons plus loin qu'il traduit un terme de la nomenclature des anciens Espagnols.

4. Leupe, *loc. cit.*

5. *Instructions for the commodore captain Abel Ianss Tasman*, etc. (*Extract from the book of dispatches from Batavia, etc.*, trad. angl. de Major., *op. cit.*, p. 45-46).

6. Leupe, *op. cit.*, p. 5.

7. Il ne faut pas confondre ce Keerweer, qui figure habituellement sur les cartes hollandaises du xvii° siècle avec celui du voyage du *Duyfken* (1606). Ce dernier est placé vers 13° 3/4 par les instructions données à Tasman par la compagnie des Indes, mais les anciens géographes hollandais n'en font jamais mention, et d'ailleurs à la latitude correspondante on ne trouve point de saillie remarquable de la côte.

un peu à gauche sous la forme *Keerer*, et qui se montre pour la première fois dans la carte déjà citée des voyages de Carstens, où il désigne une rivière débouchant à la mer vers le 7e degré[1].

Le *Valsche Cap*, cap Valsche des cartes modernes, dépassé par le *Pera* en 1623 (*die Valsse Caep* de Leeuw), est signalé comme un repère important dans les instructions de Tasman[2] et figure assez bien dessiné sur la carte de l'*Arcano del Mare* de 1647 publié par Dudley. Enfin Vlermoy, pour *Vleérmuis*, chauve-souris ou *Chausouris*, comme traduit notre cartographe, est la plus grande des îles longues et étroites rangées contre la côte sud. C'est le *Vleermûysen eylant* de Martentz de Leeuw que quelques géographes ont traduit plus tard sous la forme de *Vespertilio*[3].

Au milieu de toute cette nomenclature prise aux géographes des Pays-Bas, deux mots se détachent, en langue portugaise, *os Papuas*, placés évidemment au voisinage de l'île Guillaume Schouten, pour rappeler le séjour dans cette contrée des compagnons de Ménesès. Barros[4] a conservé le souvenir de l'expédition de cet officier portugais qui, entraîné par les courants et complètement égaré dans sa route en allant de Malacca aux Moluques, en 1526, vint aborder à deux cents lieues au delà de cet archipel, chez un peuple

Tout cela doit laisser planer des doutes sur l'étendue de la navigation de Willem Iansz sur le *Duyfken*, et sur l'authenticité de la découverte du continent Australien qu'on lui attribue habituellement.

1. Ce pourrait être l'entrée nord du détroit de la Princesse Marianne, que Kolff considérait encore en 1826 comme l'embouchure du grand fleuve, auquel il imposait le nom de son navire le *Dourga* (Kolff, *Voyages of the Dutch Brig of war* Dourga, *etc.*, trad. angl. de G. W. Earl. London, 1840, in-8°, p. 322-323.

2. *Trad. cit.*, p. 49.

3. On voit encore au sud, en tête de ce qui sera plus tard le détroit de Torrès, un *C. Seche*, le cap Sec de Delisle, cap stérile si l'on préfère, dont le nom s'applique admirablement au site qu'il désigne, tel qu'on le connaît aujourd'hui, mais qui ne rappelle rien de bien spécial, au point de vue historique.

4. G. de Barros, *L'Asia*, Decad. IV, lib. I, c. XVI.

nommé *Papuas*, dans une île de *Versija*, qui me paraît correspondre assez bien à Waigiou. Le pilote portugais Francisco Rodriguez, qui était aux Moluques à la même époque (1524-1530), avait consigné la découverte inopinée faite par Jorge de Ménesès dans son portulan publié par Santarem [1], où l'on voit sur le fragment n° 20 une *ilha de Papoia* assez curieusement dessinée [2].

Les Portugais furent suivis de très près à la côte nord de Papouasie par leurs rivaux les Espagnols. Saavedra en 1528 et 1529, Grijalva et Alvarado en 1537, Yñigo Ortiz de Retes en 1545 visitèrent la plus grande partie des rivages sep entrionaux de la Nouvelle-Guinée. Malheureusement les relations originales de ces quatre navigations n'ont jamais été publiées, si tant est qu'elles existent, et nous ne connaissons les découvertes qu'elles ont procurées que d'une façon très sommaire, et par des récits trop souvent contradictoires.

Saavedra, parti le 3 juin 1628 de Tidore, avait rencontré dans l'est, à une distance qu'il estimait de 250 lieues, une côte peuplée de noirs à la chevelure laineuse, qu'il avait suivie pendant une centaine de lieues, jusqu'à une île où les naturels étaient venus l'assaillir à coups de flèches. Croyant,

---

1. Vicomte de Santarem, *Atlas composé de mappemondes, de portulans et de cartes hydrographiques et historiques depuis le* vi^e *jusqu'au* xviie *siècle, pour la plupart inédites, etc.* Paris, 1842-1849, in-f°.

2. Linschoten, dans une des cartes de ses navigations aux Indes orientales, figurait encore une terre en forme de carré long, portant l'inscription *Os Papuas*, au-dessus de laquelle on voyait deux groupes d'îles. C'étaient au N.-O. une île *d'Agoada*, que nous retrouverons tout à l'heure, et les îles *dos Graos*, ainsi nommées par Ménesès (Bufu dont je fais Fow, petite île à la côte S.-O. de Guébé, et Menusu, déformation du nom du marin portugais, qui doit être Guébé lui-même); au N.-E. d'autres îles, désignées encore par le mot *Os Papuas*, puis des îles sans nom, enfin assez loin vers l'orient une *Nova Guinea* dont le premier cap occidental s'appelait *de Buen deseo*. Au voisinage des mots *Os Papuas* on lisait la phrase latine : « *Hic hibernavit Georgius de Menezes* » (*Histoire de la navigation de Jean Hugues de Linschot, Hollandois, aux Indes orientales*, 2° édit., Amsterdam, 1619, in-4°. — La 1re édition est de 1596).

on ne sait sur quels indices, que ce pays abondait en or, désireux en tout cas de donner quelque prix à sa découverte, Saavedra lui avait imposé le beau nom de *Isla del Oro*, l'*Ile de l'or*, qui n'a laissé d'ailleurs aucune trace sur les cartes. Le peu que l'on sait de l'ethnographie des insulaires vus par Saavedra[1] permet d'assurer que c'est dans le nord-ouest de la Papouasie que les Espagnols abordèrent pendant ce premier voyage[2]. Ils suivirent exactement la même route l'année suivante jusqu'à l'île où ils avaient été précédemment attaqués, puis se dirigèrent dans l'est-nord-est, n'ajoutant par conséquent aucun fait nouveau à ceux qu'ils avaient recueillis en 1528[3].

Le récit de l'entreprise de Hernando de Grijalva en 1537 est encore plus vague que ceux qui concernent ses deux prédécesseurs, et les contradictions sont bien plus mani-

1. Il est question, en effet, d'épées *de fer* et d'autres armes du même métal trouvées aux mains des noirs, ce qui ne devait être exact, surtout à cette époque, que pour l'extrémité occidentale de la Nouvelle-Guinée.

2. Herrera mène son héros, après cette exploration 250 lieues plus loin, probablement vers le nord, chez des hommes blancs et barbus; c'est sans doute à la suite de ce voyage que les îles *Barbuda* et de *Hombres-blancos* ont paru sur les cartes, où nous les trouverons tout à l'heure. Repoussé par les vents contraires, le navire de Saavedra rentre enfin en octobre par le N.-O. se réparer aux Moluques.

3. Galvão attribue à Saavedra, dans ce second voyage, sans aucun détail du reste, la découverte de 500 lieues de côtes « saines et de bon ancrage » au pays des Papouas. Il serait bien étonnant, si cette découverte avait été alors accomplie, que Herrera n'en ait pas été instruit, lui qui composait son récit « avec les papiers originaux et les actes publics qui pouvaient jeter quelques lumières sur l'objet de ses recherches ». Galvão était presque un contemporain sans doute, mais il était Portugais, et quoique sa position de gouverneur des Moluques lui ait permis d'observer assez bien les agissements des Espagnols dans le Pacifique, il pourrait bien avoir involontairement beaucoup trop étendu le champ des découvertes de Saavedra. Galvão défend avec énergie les droits de ce navigateur, lorsqu'il raconte brièvement l'expédition d'Ortiz dans les mêmes parages. (*Tratado que compôs o nobre et notauel capitão Antonio Galvão dos diversos et desuayrados caminhos por onde nos tempos passados a pimenta et especearia da India*, etc., éd. Hakluyt Society. London, 1862, in-8°, p. 238-239.)

festes entre les différents écrivains qui s'en sont occupés. Tout ce qu'on en peut tirer de positif au point de vue historique se résume dans la découverte d'une île voisine de la côte des Papouas, appelée *isla de los Crespos*, à cause des cheveux crépus des nègres qui l'habitent, et au voisinage de laquelle une sanglante tragédie, dont l'assassinat de Grijalva fut le principal épisode, vint mettre fin à l'expédition[1].

Nous possédons fort heureusement des renseignements plus circonstanciés, quoique beaucoup trop sommaires encore, sur le voyage d'Yñigo Ortiz de Retes, le plus important des anciens voyages espagnols dans ces mers et qui valut à son chef la réputation de véritable découvreur de la Nouvelle-Guinée[2].

Après une première tentative infructueuse pour retourner à la Nouvelle-Espagne, l'un des navires de la flotte de Villalobos, le *San Juan*, s'était mis de nouveau en route en mai 1545, commandé cette fois par Yñigo Ortiz de Retes et conduit par le pilote Gaspar Rico[3]. Les Espagnols, que les difficultés rencontrées par Saavedra et Bernardo della Torre dans la même saison, pour franchir le Pacifique Equatorial, n'avaient point encore suffisamment éclairé sur le régime des vents dans ces parages, parvenaient au milieu de juin seulement dans les eaux de la Nouvelle-Guinée.

Voici à peu près en quels termes Herrera[4] résume les

---

1. Voir dans Burney (*op. cit.*, vol. I, p. 181, etc.) le résumé de l'histoire de cette expédition et la comparaison que ce savant et habile critique institue entre les récits de Herrera, de Coutos et de Galvão. On sait que quelques-uns seulement des survivants parvinrent aux Moluques.

2 Le titre du manuscrit original où est racontée l'expédition de Mendaña aux îles Salomon en 1567, manuscrit que j'ai retrouvé à la Bibliothèque nationale, porte en effet : *Relacion breve de lo suscedido en el viaje que hizo Alvaro de Mendaña en la demanda de la Nueva Guinea, laqual ya estava descubierta por Iñigo Ortiz de Retes que fue con Villalobos de la tierra de la Nueva España, en el año de* 1541. — Cf. Galvão, *éd. cit.*, p. 238-239.

3. Galvão, *éd. cit.*, p. 238.

4. Herrera, *op. cit.*, dec. VII, lib. V, c. 9.

documents officiels concernant cette partie de l'itinéraire d'Ortiz.

« Le mardi 16 de ce mois, on arriva en vue d'un groupe d'îles d'où sortirent de nombreuses praos pour attaquer le navire à coups de flèches : dans ces îles s'était perdu quelque temps auparavant un navire du marquis del Valle[1], dont le capitaine était Grijalva, que ses matelots assassinèrent... Passé ces îles, on en vit une autre fort grande et de belle apparence (*de hermoso parecer*) et on la côtoya pendant 230 lieues par la bande du Nord, sans pouvoir en voir la fin.

» Le mercredi 17 [juin] le soleil se trouvait par deux degrés à la bande du sud, aux abords de la grande île ; vingt hommes y descendirent faire de l'eau et du bois, et lui donnèrent le nom de Nouvelle-Guinée ; la race qui l'habite est aussi noire que celle de la Guinée : c'est d'ailleurs une belle race.

» On s'arrêta treize jours dans une autre île de peu d'étendue ; le mauvais temps et les courants ne permettaient pas d'en sortir. On en partit avec un vent frais de nord-ouest, en perdant de vue la grande terre. Mais, le vendredi 10 juillet, une brise s'éleva, qui fit reculer le navire de 40 lieues. On se rapprocha de la grande terre. Le mercredi 15, le navire marchant paisiblement, de nombreuses praos s'approchèrent et commencèrent à lancer des flèches, il fallut tirer un coup de coulevrine pour disperser les agresseurs. Le mardi 21, le soleil se trouvait par 3° à l'approche de quatre îles que l'on nomma *îles de la Madeleine*. On en découvrit cinq autres dans l'est. Le mardi 28, le vent tomba et l'on fit un nouveau détour vers la grande île en courant au sud-est et au sud. Le mercredi, le vent tourna au sud ; mais au lieu de céder on alla mouiller près d'une île qu'on nomma *la Caimana*, où l'on demeura paisiblement jusqu'à la fin du mois. Le vent devint de nouveau favorable le samedi

—————
1. Cortès.

1ᵉʳ août, mais il ne tarda pas à tomber, pour prendre ensuite d'heure en heure une nouvelle direction. Mercredi 12 août, on aborda une autre île dans une baie à l'abri de la brise ; mais au sortir de ce port les courants déroutèrent de nouveau le navire d'une quarantaine de lieues... »

En présence de toutes ces difficultés, le capitaine réunit en conseil ses pilotes et mariniers. On marcha vers le nord, mais le vent repoussait le navire, et le 19 août on se trouvait par 1° 1/4 sud en vue de deux îles basses, dont partaient de nombreuses praos pour attaquer le navire. « La race de ces îles est blanche[1], bien faite et belliqueuse. » Un nouveau conseil se tient le 26. On renonce à lutter contre les éléments et l'on rentre le samedi 3 octobre à Tidore en passant par les îles de Mo[2].

II

C'est à la description des régions découvertes dans le cours de ces quatre voyages, et à celle de la côte sud-est, dont je parlerai plus tard, qu'est consacrée la portion orientale de la carte du *Neptune* qu'il me reste à faire connaître.

· Cette partie des terres néo-guinéennes, teintée en jaune, comme je l'ai déjà dit, et couverte de noms pour la plupart espagnols, se soude à la portion occidentale d'une manière assez singulière. Ne sachant vraisemblablement comment fondre les documents d'origine très différente qu'il avait en mains, Mortier prit le parti d'ajouter à l'extrémité est de sa terre des Papous construite à la hollandaise, les

---

1. C'est ici le lieu de rappeler cette réflexion de Burney commentant les récits des premiers voyageurs dans le Pacifique : « Un teint de cuivre clair est, dit-il, fréquemment qualifié de blanc par les voyageurs espagnols et portugais dans le but de distinguer les Indiens de cette couleur de ceux qui sont noirs et laineux; quelques-unes des îles de cette mer sont nommées dans les cartes *Yslas de Hombres Blancos*, c'est-à-dire îles des hommes blancs, et d'autres *Yslas de Crespos*. » (*Op. cit.*, vol. I, p. 152, n.)

2. Moro ou Morotaï, au nord-est de Gilolo.

lignes de côtes dont d'autres cartes déjà parues et les papiers de d'Ablancourt lui signalaient l'existence. Mais, tout en alignant ainsi ces contrées l'une au bout de l'autre, il ne voulut point prendre sur lui de les fusionner complétement, si bien qu'un trait noir, épais et flexueux, tout semblable à ceux qui délimitent les côtes sur la même carte et dans le reste de l'Atlas, vint distinguer les deux terres comme si un détroit les séparait, ou plutôt comme si la carte jaune devait s'appliquer à titre de renseignement complémentaire à côté de la carte peinte en vert, à la façon de ces découpages coloriés que l'on emploie quelquefois dans la confection des projets de travaux publics.

Cette ligne de démarcation, dont il n'existe pas d'autre exemple dans toute la suite du *Neptune*, éveille aussitôt l'attention de l'observateur. Au lieu de se laisser aller, à la suite d'un examen superficiel, à prendre le relèvement des terres, qu'il rencontre aussitôt en pénétrant dans le territoire de droite, pour quelque chose d'analogue à celui qu'on observe sur la carte moderne à l'orient de la grande baie du Geelvink [1], il lit avec soin les noms des lieux que porte cette partie de la carte, et y rencontre des doubles emplois si frappants avec l'autre moitié que, malgré des différences énormes de dessin, il est amené bien vite à considérer la *Nouvelle-Guinée* de l'atlas de d'Ablancourt comme répétant

1. J'avais tout d'abord subi moi-même cette impression, en abordant l'étude de la carte. Mais quelques instants de réflexion ont suffi pour me ramener à des vues plus exactes. L'emplacement occupé par la dépression entre les deux territoires distingués par Mortier, correspondrait en effet sur la carte hollandaise à la baie de Humboldt, au delà des terres hautes du Koeramba, et non point à celle du Geelvink, dont l'emplacement est indiqué dans la partie occidentale de notre carte par l'île de Guillaume Schouten, qui est incontestablement Mysore, située droit au nord de la baie. On sait d'ailleurs que le voyage du Geelvink, qui fit la découverte complète de ce golfe, n'eut lieu qu'en 1705, cinq ans après la publication du *Neptune*, et que ce n'est qu'en 1790 que Fleurieu assigna sur la carte la véritable place de la grande baie qui porte le nom de ce navire. (*Découvertes des Français en 1768 et 1769 dans le S.-E. de la Nouvelle-Guinée*. Paris, 1790, in-4°, p. 15.)

avec des particularités fort curieuses la *terre des Papous*, de la même carte, dont je viens d'interpréter les formes et la nomenclature.

Le premier mot qui se présente, en effet, à droite de la ligne de séparation, est *Hoek van Goede Hoop*, pointe de Bonne-Espérance, ce même promontoire dont nous avons lu le nom inscrit presqu'au plus haut de notre carte de gauche. Le cap de Bon-Désir, *de Bueno Deseo*, écrit par ignorance *de Buena Dafeo*, remplace le *cap Désiré* de l'angle occidental. Une île *de los Crespos* occupe la position de l'île Schouten. Plus loin, à la distance convenable, figure de nouveau l'île Moa, et tout au bout, dans l'est, une île *Boliones*[1] vient prendre la place du Vulcanus ou Brandende borch de Schouten, omis par Mortier dans ses emprunts au grand voyageur, mais dont on sait la place au sud des vingt-cinq îles[2], représentées ici par un groupe moins nombreux, mais dont l'identification partielle ne souffre point toutefois de difficultés sérieuses.

C'est donc bien une nouvelle édition de la partie verte de la carte que reproduit la partie jaune, mais avec des contours profondément différents. Autant les côtes dessinées par les Hollandais se présentaient droites et régulières dans leurs allures générales, autant les levers d'origine espagnole sont tourmentés et sinueux. Il est même assez malaisé de se retrouver au milieu de tant de promontoires et de tant de baies aux profils anguleux. Si, par exemple, au delà des pointes Goodehoop et Struis, l'anse innominée qui se creuse à l'ouest du *Bueno Deseo*, ce cap lui-même et la grande baie qui suit avec un port rappellent la petite baie du Geelvink, le cap Mamori et le havre Doréi des cartes actuelles, la convexité demi-circulaire en arrière de Crespos est déjà plus difficile à interpréter, et les deux promontoires à l'orient de cette même île ne peuvent se justifier

---

1. Mauvaise leçon de Volcanes.
2. Voir plus haut, p. 15.

que par un double emploi dû, je suppose, à la combinaison
de deux tracés d'origine différente.

Nous avons heureusement pour nous guider au milieu de
ces difficultés une description d'une certaine étendue, publiée en 1601 par Herrera[1], et dans laquelle la meilleure
partie des noms de la moitié droite de la carte de 1700 vont
se représenter de l'ouest à l'est aux distances voulues et
dans un ordre naturel.

La première localité mentionnée par Herrera est la *prima*
ou *primera tierra;* ce doit être ce cap Goodehoop dont nous
avons parlé plus haut et qui a toujours joué un rôle si important dans les navigations au nord de la Nouvelle-Guinée.
La *primera tierra* était déjà inscrite dans la carte d'Ortelius
de 1589[2]. Plancius et Linschoten ont substitué, en 1594
et 1596[3], à cette appellation celle de C. de Bueno Deseo,
qui avait depuis longtemps disparu quand d'Ablancourt et
Mortier l'on fait revivre sous la forme corrompue de *Buena
Dafeo*, en maintenant à gauche le *Goodehoop* de Tasman et
en intercalant encore entre les deux un certain cap Struis
(*Struishoek*), *cap des Autruches,* qui serait peut-être un nom
donné à l'un des promontoires de la péninsule nord-ouest
par l'expédition Grijalva. Nous lisons, en effet, dans un des
fragments de récits recueillis par Galvão[4], que chez les
Papouas « il existe un oiseau de la taille d'une grue, qui ne
peut pas voler, parce qu'il n'a pas d'ailes assez fortes pour
le vol, mais qui court comme un cerf ». Cette description,
quelque insuffisante qu'elle puisse paraître, ne trouve à
s'appliquer en somme qu'à un brévipenne, à une *autruche,*

---

1. Herrera, *op. cit.*, Decad. I. Madrid, 1601, in-4º, p. 77.

2. L'orthographe en est déformée par un lapsus de burin, au lieu de
tierra on lit *lucra.*

Dans le *typus orbis* du même géographe, l'inscription *Prin* semble
correspondre à la même désignation.

3. *Theatrum Orbis Terrarum Abrahi Ortelii.* Antverpiæ, 1612, f°. —
Linschoten, *loc. cit.*

4. Galvão, *éd. cit.*, p. 204.

comme on disait jadis d'une manière générale. Or, on sait
que la Nouvelle-Guinée nourrit plusieurs espèces de casoars.
Le nom de cap des Autruches aurait été imposé à la localité
où les Espagnols avaient vu les oiseaux dont Galvâo a parlé,
d'après le récit des survivants de leur expédition.

Revenons au texte d'Herrera. Après la *primera tierra*
vient dans son énumération *El Aguada*, *l'aiguade*, un port
qu'il place à trente-cinq lieues à l'est de la première terre
par 1° de latitude australe. C'est à peu près à cette distance
du cap de Goodehoop, et sous une latitude qui ne diffère de
celle d'Herrera que de moins de 10′, que s'ouvre la petite
baie du Geelvink. Ortelius est d'accord avec Herrera pour
placer l'Aguada sur la côte septentrionale[1]. Linschoten en a
fait une île, et notre carte a imité son exemple.

« Dix-huit lieues plus loin est le port de Santiago », continue Herrera ; et il inscrit *S. tiago* à la droite d'*el Aguada*.
Dans les mêmes parages, Plancius avait placé un *Buen
Puerto*, et la carte de 1700 avait repris cette dénomination,
en y ajoutant toutefois celle de *Puerto Primero*[2]. En con-
tournant la côte à l'est de la petite baie du Geelvink, dépas-
sant le cap, et tournant au sud, on arrive, à la distance
indiquée par Herrera, au havre Doréi, auquel l'épithète de
bon port s'applique fort justement. *Santiago* était le nom
du navire de Saavedra, et l'on s'explique dès lors très faci-
lement que ce nom ait été donné au principal port de la
côte visitée par les Espagnols en 1528 et 1529.

C'est la dernière mention géographique que l'on puisse à
peu près sûrement rattacher aux voyages de ce navigateur
sur cette côte. Nous avons dit que de l'expédition de Gri-

---

1. Du moins lit-on ce mot sur la grande terre dans la carte d'Amérique de 1587. Dans celle de la mer du Sud (1589) une *ysla d'Agaoda*,
figure rejetée bien loin vers le nord-ouest au delà de l'Équateur. Est-ce
à un même lieu que s'appliquaient ces deux mentions si différentes ?

2. Il n'y avait point de *primera tierra* sur cette carte, le *puerto primero* ne serait-il pas venu ici par un de ces changements d'affectation
si communs dans les cartes des deux derniers siècles ?

jalva il n'était resté dans la nomenclature d'autre souvenir
que le nom d'*isla de los Crespos* et que cette île correspond
sur la carte de 1700 à l'île de Guillaume Schouten et par
conséquent au groupe actuel de Mysore. La description
d'Herrera place bien Crespos dans la situation qu'occupent
les îles Soök et Biak sur les cartes modernes, mais les
dimensions qu'elle lui donne, « seize bonnes lieues » seulement, semblent montrer qu'elle ne s'applique qu'à une seule
de ces îles, toutes deux d'ailleurs de longueur à peu près
égale et atteignant fort approximativement les dimensions
assignées par Herrera. Or comme dans la mappemonde de
Mercator de 1569, deux îles figurent dans ces parages et
que le nom de *Y. de Crespos* y est donné à la plus orientale, il y a tout lieu de supposer que c'est Biak que Grijalva,
puis Ortiz, ont visitée. Soök serait alors l'*Y. de los Martyres*, ainsi que Mercator nomme l'île occidentale du groupe
qu'il a tracé, et devrait peut-être ce nom à l'assassinat du
malheureux Grijalva et de ses officiers par un équipage
révolté[1].

« L'*isla de los Crespos* est voisine de la côte, dit Herrera,
en face du *puerto de San Andres*, situé à quarante lieues de
celui de Santiago » et qu'il faut par conséquent placer en
un point de la côte nord de Jobie, que l'insuffisance des
cartes actuelles ne permet pas encore de préciser. C'est sur
cette côte, droit au sud de Crespos, que Plancius inscrit
d'ailleurs le nom de S. Andres, la carte de Herrera le déplace un peu vers l'ouest, celle de d'Ablancourt très légè-

1. G. Mercator, *Nova Guinea quæ ab Andrea Corsali Florentino vide-
tur dici Terra de Piccinacoli, Forte Labadii insula est Ptolemeo, etc.*
(*Nova et aucta orbis terræ Descriptio* Duisburg, 1569; ap. Jomard, *Monuments de la géographie, in-f°.*)
Vaz Dourado (1570), Rumold Mercator (1587), Ortelius (1587 et 1589),
Plancius (1594) ont tous, sur leurs cartes, une île des Martyrs : *I. de los
Martiles* ou *Martyres*. Mais peu à peu cette île se déplace vers le nord,
et de toute voisine qu'elle était de l'*Y de Crespos* dans Mercator, elle
devient dans d'Ablancourt presque subéquatoriale.

2

rement vers l'est, mais tout en traçant assez exactement les îles que l'on nomme aujourd'hui de leur nom indigène Pade Aido pour qu'on ne puisse douter de la position vraie à attribuer au port situé dans leur voisinage. Les Espagnols avaient certainement contourné par le sud le groupe de Mysore, mais en en longeant de fort près les côtes méridionales; prenant de loin pour la continuation de la terre ferme les côtes de Mafoor et de la longue île de Jobie, ils avaient tracé à l'est du havre Doréi la longue courbe irrégulièrement convexe, si remarquable dans la carte de 1700, et à laquelle nous avons déjà fait allusion plus haut.

A cinquante lieues environ à l'est du *puerto de San Andres*, à quatre-vingt-dix lieues espagnoles par conséquent de Santiago, Herrera place l'embouchure du *rio de San Agustin*, et l'*isleta de la Vallena* située en face. Ces quatre-vingt-dix lieues représentent avec assez d'exactitude la distance qui sépare Doréi de la bouche principale du grand fleuve Ambernoh et de la petite île basse de Koning Willems qui en couvre l'entrée. L'identification de ces localités est donc tout à fait acceptable. La rivière de Saint-Augustin figure sur toutes les anciennes cartes, depuis la mappemonde de Mercator de 1569, où elle est le seul cours d'eau représenté en Nouvelle-Guinée, jusqu'à la carte de 1700, où elle se trouve rejetée beaucoup trop loin vers l'orient. *La Vallena*, sous les formes *Balena* ou *Ballena*, entre dans la nomenclature avec les cartes d'Ortelius de 1587 et 1589, et nous la retrouvons dans le *Neptune* avec l'ortographe défigurée de *Balbena*.

Deux autres rivières sont mentionnées par Herrera au voisinage de celle de Saint-Augustin et doivent être aujourd'hui considérées comme des bouches secondaires de l'Ambernoh; dont le vaste delta occupe, comme on sait, sur la côte plus d'un degré et demi d'étendue. Ce sont le *rio de las Virgines* à l'ouest; à l'est le *rio de San Pedro y San Pablo* avec un port de *San Geronimo*. Le premier de ces noms se rencontre déjà sur le portulan de Vaz Dourado de 1570, le deuxième a été pour la première fois employé par Plancius (1594) sous la forme *S. Petro*, le troisième enfin se lit *S. Ieronimo* dans la carte d'Ortelius de 1587.

C'est par un de ces changements d'affectation trop fréquents dans la cartographie des derniers siècles que la rivière des Vierges est devenue dans notre carte de 1700 un cap qui occupe à l'est de S. Andres la place de l'estuaire de l'Ambernoh. Le vaste promontoire qui prolonge vers le nord le cours inférieur de ce fleuve, appelé de nos jours cap Ambernoh ou cap d'Urville, n'a point de nom chez les géographes avant les expéditions françaises de ce siècle. Il pourrait bien se faire néanmoins que l'épithète de *Hermoso* donnée par Ortelius à un cap qu'il place sur trois de ses cartes dans l'ouest de sa *Nova Guinea*, dût trouver vers l'Ambernoh sa véritable position. Que l'on se reporte en effet à la relation d'Ortiz, que nous avons plus haut résumée, et l'on y constatera qu'après avoir dépassé Crespos, il prenait connaissance de la côte de la grande île par 2° latitude sud, en un point qui ne peut correspondre qu'aux embouchures de l'Ambernoh, et qu'il qualifiait de *Hermoso perecer*.

Notre carte de 1700, quelque intérêt qu'elle offre au point de vue historique, est bien loin d'être un modèle d'exactitude en ce qui concerne les parages dans lesquels nous nous sommes aventurés à la suite des premiers navigateurs espagnols. Nous venons d'y relever de notables erreurs topographiques, comme le déplacement de l'*Aguada* et de *los Martiles* ou la substitution du terme cap à celui de rivière en ce qui concerne le lieu dit de *las Virgines*. Nous voyons encore un peu plus loin son auteur attribuer l'épithète de rivière au port de San Hieronimo et transporter en même temps bien loin dans l'ouest du rio de San Agustin, ce rio de S. Paulo dont Herrera avait cependant fixé la place en deçà de ce cours d'eau. Toute cette partie de la

côte est d'ailleurs presque méconnaissable; comme dans
les cartes d'Ortelius et de Herrera la région de l'Ambernoh
s'y trouve dédoublée, les rivières s'intervertissent, et l'on
n'a plus de point de repère sérieux qu'un peu à droite dans
le nom de Moa. Cette île fait défaut à la nomenclature de
Herrera; mais Ortelius l'enregistrait dans ses listes dès 1587
sous la forme Maoo, et Plancius en 1594 sous celle de Moo.
Elle correspond sans aucun doute à cette île Moa où Schouten, en 1616, trouvait, nous l'avons déjà dit, des traces de
relations antérieures avec les Espagnols. « Nous vismes ici,
dit la relation publiée à Paris en 1618, de grands pots, lesquels, comme il nous sembla, estoyent venus des Espagnols. » Le rédacteur ajoute d'ailleurs que « ce peuple n'es-
toit pas si fort esmerveillé ny estonné de voir les navires,
comme tous les peuples précédents avoient été », et qu'il
parlait même aux Hollandais « de tirer du canon. »

L'*Y. de Arimo* de Mercator, *de Armo* de Vaz Dourado,
l'île *Darimo* d'Ortelius[1] dont d'Ablancourt et Mortier ont
négligé d'inscrire le nom, tout en indiquant sa place à côté
de Moa, répond de même à l'île d'Arimoa des Hollandais du
XVIIe siècle et des géographes modernes.

Étaient-ce les compagnons d'Ortiz qui avaient apporté
dans ce petit archipel les vases espagnols mentionnés par
Schouten? L'existence sur un certain nombre de cartes de
la fin du XVIe siècle d'une île *de Arti*, placée à l'est de la
grande rivière vers Darimo dès 1569 par Mercator et cor-
respondant à peu près à Moa, nous porterait à répondre par
l'affirmative. Cette appellation semble, en effet, ne pouvoir
s'expliquer que par une déformation légère du nom du chef
de l'expédition de 1545. C'est *isla de Ortiz* qu'il faudrait lire,
et non de Arti, Doarti, Duarati, de Artz, ainsi que l'ont écrit
les cartographes.

« Quarante lieues au-delà de Saint-Augustin » Herrera

1. Transformée en *Isola de humo* dans sa carte de 1589.

place un cap dit *Punta Salida*, et un petit îlot appelé de *Buena Paz*. La pointe du massif des monts Gaulier et l'une des petites îles qui terminent à l'est le groupe auquel je voudrais voir donner le nom *d'Iles d'Ortiz* répondent volontiers à ces indications[1]. « Plus loin, ajoute l'historien espagnol, sont deux petites îles, *Abrigo* et *Malagente*, et la *bahia de San Nicolas*, distante de cinquante lieues de Punta Salida. Il est permis de supposer que l'*isla del Abrigo* est celle où Ortiz s'arrêta treize jours comme nous l'avons dit, en attendant les vents favorables; tandis que l'*isla de Malagente*, île du Mauvais-Peuple, occuperait ce point de la côte, où nous voyons le navire espagnol attaqué à coups de flèches, sans la moindre provocation, par de nombreuses barques indigènes. L'Abrigo est marqué dans l'*Asia* d'Ortelius, où le géographe de 1700 l'est sans doute allé prendre. Malagente, successivement écrit Malagète, Malagrate, et même Motegate, figure sur toutes les cartes depuis Mercator et Vaz Dourado. Le texte d'Herrera manque de précision en ce qui concerne l'emplacement à assigner à ces deux terres. On ne saurait dire par conséquent si ce sont les îles les plus orientales de l'archipel dont nous venons de parler, ou si l'une d'elles au moins, *el Abrigo*, ne répond point à Pamaris, la moins petite des îles de la baie de Humboldt. Cette dernière, en tous cas, répondrait bien comme situation à la *bahia de S. Nicolas*, à 50 lieues dans l'est de Punta Salida. Nous ne trouvons point S. Nicolas mentionné sur notre carte, mais le *R. Siculas* d'Ortelius en était déjà sans doute en 1589 une déformation.

---

1. Cet archipel s'étend en face de la côte néo-guinéenne tout le long du massif des monts Gaulier. Il comprend de l'ouest à l'est les îles Kooramba ou Arimoa, Moa, Arimoa et Insou des anciens Hollandais; Tabie, la Moa de d'Urville; Samit, qui correspond à Duperrey; Bongka à Tastu, Padiema à Mérat, Soerabi et une autre Tabie aux îles Larenaudière, Ækedeh à Lesson; Merkus n'a point d'appellation indigène connue. Ce sont ces quatorze ou quinze petites îles qui n'ont pas de nom collectif que je propose d'appeler toutes ensemble *îles d'Ortiz*.

Si la baie de S. Nicolas n'est inscrite sur aucun point des cartes de la Nouvelle-Guinée de d'Ablancourt, Punta Salida y devient un port, *puerto Salida*, couvert par une île qui a nom *Gasparico*. Dans Plancius, Gasparico était un nom de port, et dans Ortelius, Gaspar Ricuir désignait une rivière. Il est aisé de retrouver dans ces trois appellations un nouveau souvenir du voyage d'Iñigo Ortiz dont le pilote s'appelait Gaspar Rico, comme nous l'apprend Galvão.

Cette île de Gaspar Rico fait-elle partie des îles d'Ortiz dont il vient d'être question, ou de ce groupe de la Madeleine découvert le 21 juillet 1545[1], et dont la carte de 1700 fait seule mention parmi les anciennes cartes de la Nouvelle-Guinée? Il n'est guère possible de résoudre cette question avec des renseignements aussi vagues que ceux que nous possédons. Ces îles de la Madeleine, gisant par 3° de latitude et que les îles Bertrand, Guilbert, d'Urville, Gressien représentent incontestablement aujourd'hui sont dites au nombre de quatre dans le récit espagnol, et l'une d'elles a fort bien pu prendre le nom du pilote-major de l'expédition.

Cependant, comme la carte de d'Ablancourt met l'île de Gasparico en face de son *Puerto Salida*, on en induirait peut-être, non sans quelque raison, que ce nom doit avoir appartenu à l'une des îles situées en face de la vraie *Punta Salida,* par conséquent à l'une ou à l'autre des îles du petit archipel d'Ortiz.

Au-delà des premières îles dites de la Madeleine, Ortiz en vit cinq autres. Cinq îles et même six se montrent en effet à l'est des quatre précédentes; ce sont les îles que l'on appelle depuis le voyage de l'*Astrolabe*, Roissy, Deblois, Jac-

1. Ces îles et celles qui suivent vers l'orient sont souvent appelées *îles de W. Schouten,* de sorte que sur la même côte nord de la Nouvelle-Guinée on rencontre successivement deux archipels du même nom. Ne vaudrait-il pas beaucoup mieux, pour éviter toute confusion, rendre à cet archipel le nom d'*îles de la Madeleine* qu'Ortiz lui avait imposé en le découvrant en 1545?

quinot, Garnot, Lesson et Blosseville. Herrera, qui nous a
conservé le récit de la découverte de tout ce groupe, n'en
parle point pourtant dans sa description géographique. Tout
ce qu'il dit d'ailleurs des côtes qu'il nous reste à parcourir
est extrêmement vague. Sa *Buena Vaya*, *buena baya*, de
Plancius, *buena bayo* de notre carte, non plus que sa *Natividad de Nuestra Señora*, dont le nom précédé du détermi-
natif *Ancon* se lit dans Ortelius, Plancius, d'Ablancourt, etc.,
n'ont plus de longitude relative. Au lieu d'attributions à peu
près certaines, comme celles que permettait le calcul des
distances approximatives qu'il nous fournissait, nous en
sommes maintenant réduits à discuter des probabilités ou
des vraisemblances.

L'*Ancon de la Natividad* fut, dit Herrera, le terme des
découvertes espagnoles sur cette côte dont Ortiz « ne put
pas voir la fin », *Caimana*, que nous trouvons inscrite dans
les vieux atlas, sous les formes *Caymana*, *la Caymana*, *La-
caymana*, *Casimana*, *Carimana*, et enfin *Carimania*, et
qu'Ortiz avait rencontrée en courant au sud-est et au sud,
après avoir quitté les îles de la Madeleine, Caimana, disons-
nous, doit être l'île Dampier[1]. Or cette île est mise par Herrera, dans sa description, presque au nord du havre de la
Nativité, dont il faut par suite chercher la place au golfe de
l'Astrolabe[2]. La *Buena Baya*, ouverte entre ce golfe et la
baie de Humboldt, ne peut être dès lors que celle que les
Hollandais ont plus tard appelé *baie Kornelis Kinersz* ou
encore l'*anse des Eaux troubles* de d'Urville, au sud du cap
della Torre. Ce dernier emplacement conviendrait même
bien mieux si, comme le veut Herrera, il faut trouver en
face une île que les Espagnols avaient nommée *la Madre
de Dios*, inscrite sur la carte de d'Ablancourt, mais rejetée
par l'auteur assez loin vers l'orient, et qui correspondrait

---

1. G. Schouten, *éd. cit.*, p. 191 et carte.
2. Dumont d'Urville, *Voy. de l'Astrolabe, Hydrographie, Atlas.*

alors à l'île Aris de nos cartes modernes, vis-à-vis l'anse des Eaux troubles. Le *rio S. Lorenzo*, que l'on voit indiqué par Ortelius dans les mêmes parages, pourrait être la rivière dont les marins de l'*Astrolabe* ont entrevu l'existence au fond de cette anse, et comme les noms donnés à la rivière et à l'île se rapportent par leur date, sur le calendrier, avec l'époque de l'année pendant laquelle Ortiz s'avançait dans leur direction, on serait encore porté à attribuer leur découverte à ce navigateur. La Saint-Laurent tombe le 10 août, et la plus grande des fêtes en l'honneur de la *Madre de Dios*, la fête par excellence de la mère de Dieu, est celle du 15 août. Or Iñigo Ortiz, après être resté à l'ancre jusqu'à la fin de juillet, à l'abri de l'île Caimana, s'était décidé à reprendre sa route le 1ᵉʳ août, et, ballotté par les vents les plus variables, il venait, nous dit le résumé de Herrera, aborder le mercredi 12 à une autre île dans une baie protégée contre les vents.

Les motifs les plus divers ont toujours guidé les marins dans le choix des noms qu'ils imposaient aux localités inconnues qu'ils rencontraient sur leur route. L'aspect particulier des lieux et leurs qualités intrinsèques inspiraient aux Espagnols du xviᵉ siècle des mots tels que *El Aguada, Punta Salida, El Abrigo*, etc., que nous venons de rencontrer. Les caractères physiques des habitants, leurs aptitudes spéciales, l'accueil qu'on en avait reçu suggéraient des appellations comme celles de *los crespos, hombres blancos, gente hermosa, barbudos, natadores, mala gente*, etc. On trouvait encore dans le souvenir de quelque épisode de la route, dans le nom du navire ou de son port d'attache, des termes variés pour la nomenclature. Parfois aussi la nouvelle terre prenait le nom de l'un des découvreurs, ou était consacrée, à la manière moderne, à quelque puissant personnage. Mais la ressource la plus habituelle pour ces désignations topographiques toujours renouvelées se tirait de l'almanach. Le nouveau lieu prenait le nom du saint du jour ou celui de la fête que célébrait l'Église, et c'est à cet usage, qui a fort longtemps persisté, que la géographie doit en grande partie ces litanies interminables dont les stances se déroulent à travers le Pacifique, de la Nouvelle-Espagne aux côtes orientales de l'Asie.

Ortiz agissait sans aucun doute comme ses contemporains et ses compatriotes. Le nom de la rivière de Saint-Pierre et de Saint-Paul, donné à l'une des branches orientales de l'Ambernoh, paraît bien coïncider avec la date du passage du navire espagnol dans ces parages à la fin du mois de juin. Nous savons d'une manière positive, par Herrera, que c'est parce qu'il a découvert les îles de la Madeleine le 2 juillet qu'Ortiz leur a imposé cette dénomination. Les fêtes de saint Laurent et de l'Assomption auraient fourni de même les appellations attribuées à la dernière île et à la dernière baie visitée du côté de l'est.

Aris est un peu au nord d'une île volcanique qui a attiré l'attention de tous les navigateurs modernes dans ces mers, l'île Volcanus ou Brandendeborch (la montagne brûlante) de Schouten. Avant de reprendre la route des Moluques, les Espagnols venus jusqu'à Aris ont dû nécessairement apercevoir cette montagne brûlante. Elle est d'ailleurs mentionnée dans toutes les vieilles cartes que nous avons si souvent consultées. Mercator la désigne par ces mots : *los volcanes*, que nous retrouvons sous les formes *volcanes*, *bolcanes*, *bolcanas*, *bulcanes*, *bullcones* et enfin *boliones*, de 1570 à 1700.

Herrera, en parlant de la Caymana, disait qu'elle gisait au milieu d'autres îles sans nom. Volcanes est une de ces îles ; j'en trouve deux autres sur la carte de d'Ablancourt. L'une s'y nomme *S. Iago* la Bedondida, que je corrige en *Redondita*, Santiago la Rondelette (?) ; elle n'est mentionnée nulle part dans les documents du xvie siècle[1]. L'autre

1. Nous n'avons aucune observation à présenter au sujet de ce nom, non plus que sur la *baie Hermosa*, le *Cabo blanco*, le *Rio Baixo* que

est la *Barbuda*, la barbue, l'île des hommes barbus, Mercator, Dourado, Ortelius, Plancus, etc., l'ont inscrite, au contraire, d'une manière presque constante dans leurs mappemondes.

J'aurai terminé l'étude des lieux dits d'origine espagnole de la côte N.-E. de la Nouvelle-Guinée, quand j'aurai ajouté à tout ce qui précède quelques mots sur une autre île dont d'Ablancourt ne parle point, mais qui se rencontre fort souvent dans la nomenclature des géographes du XVIᵉ siècle. Cette île, dite de *Hombres blancos*, ou des hommes blancs, a été, comme une partie des autres terres que nous venons de parcourir rapidement, découverte par Iñigo Ortiz, mais, dans sa route de retour, par 1° 15′ de latitude méridionale[1]. Cette latitude est celle des îles de l'Échiquier, où le capitaine Edwin Redlick signalait en 1873 une population de couleur relativement claire, avec de longs cheveux lisses[2]. Les insulaires de ce type, d'origine probablement micronésienne, n'ont été signalés jusqu'ici qu'en trois points de la Papouasie, savoir : les îles de Saint-David ou Freewil de Carteret, les îles des Traîtres ou Paide Aido dans l'est du groupe de Schouten, quelques-unes, enfin, de ces îles de l'Échiquier, où nous allons prendre définitivement congé d'Ortiz rentrant péniblement aux Moluques après tant de belles découvertes, sans avoir pu réussir à procurer à ses compatriotes les secours urgents qu'ils attendaient d'Amérique, et qu'on l'avait envoyé demander pour eux au viceroi.

---

mentionne Ortelius. Ces noms doivent faire double emploi avec ceux que nous avons examinés ci-dessus. La même carte datée de 1589 mentionne toutefois une île de S. Joan, toujours dans l'extrême est, qui pourrait avoir pris son nom de celui du navire que montaient Ortiz et Gaspar Rico.

1. Voir plus haut, p. 12.

2. E. Redlick, *A Cruise among the Cannibals*, trad. angl. in *Ocean highways*, 2ᵉ série, vol. I, december 1873.

III

L'*Ancon de la Natividad* était, avons-nous dit, sur la côte nord-est de la Nouvelle-Guinée, le point extrême atteint par les navigations espagnoles. Au delà de ce mouillage, la carte de d'Ablancourt indique un vaste cap qui pourrait représenter, après corrections, le cap du Roi Guillaume, à l'est duquel nous ne trouvons plus qu'une ligne verticale légèrement sinueuse, sans valeur géographique et n'ayant d'autre objet que de relier d'une manière quelconque le tracé de la côte nord-est que nous venons de longer à celui de la côte sud-est dont nous allons maintenant aborder les rivages. En bas, à droite de cette perpendiculaire, on reconnaît sans peine les plus occidentales des îles Salomon, qui ont gardé les formes qu'Herrera leur avait données. Isabelle est au-dessus, l'Isabella de Mendaña, au-dessous se dessinent les côtes nord de San Nicolas, Arecifes et San Marcos, visitées par Gallego et Ortega. Cette dernière est appelée, nous ne savons d'après quel renseignement, *la Vista de Texos*[1].

Une longue côte se présente ensuite, dirigée parallèlement à la côte septentrionale, avec laquelle elle offre plus d'un point de ressemblance, et bordée, comme celle-ci, d'un certain nombre d'îles moyennes et petites. Huit noms, tous espagnols, sont inscrits sur la grande terre ; six autres noms écrits, sauf un, dans la même langue, se lisent aüprès des îles.

Aucune autre carte antérieure à 1767 ne représente rien d'analogue. A cette date seulement, le célèbre géographe anglais Dalrymple, qui venait de découvrir dans un mémoire écrit pour le roi d'Espagne Philippe III, par Jean Luis

---

1. Par un déplacement qui montre de la part du dessinateur une grande négligence, S. Marcos devient à trois reprises, dans l'œuvre d'Ortelius, une localité de l'extrémité orientale de la Nouvelle-Guinée.

Arias [1], quelques lignes fort significatives sur une navigation espagnole faite en 1606 au sud de la Nouvelle-Guinée, esquissa grossièrement une côte méridionale qu'il faisait courir dans l'ouest en partant de la Guadalcanal des îles Salomon, et au-dessous de laquelle il inscrivait le nom de TORRÈS.

Figueroa, dès 1613, dans un passage de son *Histoire de Mendoza*, avait déjà brièvement parlé de ce voyage de Torrès, mais son texte [2] avait échappé à l'attention des géographes, et Baudrand, le seul savant peut-être qui en ait eu connaissance, était mort, sans avoir consigné dans le manuscrit de son dictionnaire l'extrait qu'il en avait préparé [3].

Luis Vaes de Torrès commandait l'almirante de la petite escadre partie le 21 décembre 1605 du Callao, sous les ordres de Quiros, pour aller à la recherche des terres australes. On sait par suite de quelles circonstances les Espagnols, après avoir découvert quelques îles polynésiennes, au lieu de gagner Santa Cruz, premier objectif du voyage, abordèrent le 1er mai 1606 dans la baie de Saint-Philippe et Saint-Jacques, au nord de Spiritu Santo, la plus septentrionale des grandes Cyclades de Bougainville (Nouvelles-Hébrides de Cook). La capitane, où Quiros était fait prison-

---

1. Dalrymple a publié six ans plus tard, en 1773, ce manuscrit, dont M. Major a donné en 1859 une traduction anglaise à la Société Hakluyt. (*A Memorial adressed to his Catholic Majesty Philip the Third, King of Spain, by D* Juan Luis Arias respecting the exploration, colonization and conversion of the Southern Land* (*Early Voyages to Terra Australis now called Australia... edited with an Introduction by R. H. Major.* London, 1859, in-8°, p. 1-30.)

2. Figueroa, *Hechos de Don Garcia Hurtado de Mendoza, quarte Marquez de Cañete.* Madrid, 1613, in-4°, lib. VI, p. 290.

3. On trouve en effet dans un recueil de notes manuscrites qui a appartenu à Baudrand et qui de sa bibliothèque a passé dans celle de l'abbaye de Saint-Germain-des-Prés, actuellement à la Bibliothèque nationale (MS. Fonds espagnol, n° 324, f° 122), un extrait de Figueroa, qui n'a point été utilisé dans le *Dictionnaire géographique* publié après la mort de Baudrand.

nier par son équipage révolté, reprenait le 11 juin la route de l'Amérique, et l'almirante, abandonnée à elle-même, entreprenait dans l'ouest, le 26 ou 27 du même mois, l'admirable voyage qui a immortalisé le nom de son illustre chef. Quiros, qui s'est toujours efforcé de dissimuler les véritables causes de son insuccès de 1606 et qui exagérait comme à plaisir, dans ses mémoires, l'importance des résultats qu'il croyait avoir acquis à l'Espagne et à la religion, Quiros n'a parlé qu'en passant [1] et sans aucun détail des découvertes de son lieutenant, postérieures à leur séparation. Mais Figueroa, après avoir raconté, non sans beaucoup d'exagération, que Torrès avait touché dans sa route à plusieurs îles où abondent l'or, les perles et les épices, ajoutait qu'il « avait suivi une côte l'espace de 800 lieues, et en avait enlevé quelques habitants qu'il avait emmenés avec lui aux Philippines », d'où était parvenu le compte rendu de son voyage. Arias, plus précis encore, disait dans son mémoire « qu'ayant pris connaissance dès le 11e degré d'une terre très étendue, le marin espagnol avait navigué à l'est, ayant constamment à sa droite la côte d'une autre très grande terre, qu'il continua à longer, suivant sa propre estime, pendant plus de 600 lieues, en l'ayant toujours à main droite [2] ».

Dalrymple, qui a le premier fait connaître, ainsi que nous l'avons déjà dit, ce texte d'Arias, en a conclu, sans hésiter, au passage de l'almirante de 1606 entre la Nouvelle-Guinée et la Nouvelle-Hollande, et a donné le nom de Torrès au détroit qui sépare ces deux grandes terres. Fleurieu, vingt ans plus tard, interprétait la citation qu'il faisait de Figueroa de la même façon que Dalrymple avait interprété les quelques lignes d'Arias [3].

---

1. Fleurieu, *op. cit.*, p. 48.
2. *Op. cit.* (Major, *Early Voyages*, etc., p. 20.)
3. En jetant les yeux sur la carte, dit Fleurieu, on est assuré que Torrès, partant de la terre du Saint-Esprit, n'a pu suivre une côte qui

Et plus tard, lorsque le texte même du rapport de Torrès, retrouvé à Manille, fut communiqué à Dalrymple[1] et traduit par lui pour le grand ouvrage de Burney[2], on put reconnaître combien le commentaire des deux célèbres hydrographes avait été exact.

Torrès dit, en effet, dans sa lettre au roi d'Espagne, qu'étant resté quinze jours à attendre Quiros dans la baie de Saint-Philippe et de Saint-Jacques, sans le voir revenir,

se prolongeât sur une étendue de 800 lieues espagnoles, sans avoir passé au sud de la Nouvelle-Guinée et par conséquent par le détroit que le capitaine Cook a nommé *détroit de l'Endeavour*. (Fleurieu, *op. cit.*, p. 47, n. y.)

1. M. Major a pensé que ce précieux texte avait été découvert par Dalrymple lui-même après la prise de Manille par les Antilles en 1762. (Major, *Early Voyages to Terra Australis*, etc. London, Hakluyt Society, 1859, in-8°, Introduction, p. xxv.) On ne voit cependant nulle part dans l'*Historical Collection* que Dalrymple ait possédé, au moment de la publication de ce recueil (1770), huit ans après la date assignée par M. Major, aucun manuscrit de Torrès. Il mentionne au contraire la relation de ce navigateur, dont un passage de Quiros (*Hist. Coll.*, vol. 1, p. 163) et la bibliothèque de Peñelo de Leon (*Biblioteca Oriental y Occidental*, p. 671) lui avaient révélé l'existence, parmi les écrits dont il n'a pu se procurer la lecture. (*Hist. Coll.*, vol. 1. *Introd. in fine.*) L'itinéraire tracé sur la carte de 1767 suffirait pour prouver que les documents précis faisaient encore défaut à cette date au géographe anglais sur le voyage du marin espagnol, et que c'était le seul texte d'Arias qui le guidait encore alors. Dalrymple déclarait d'ailleurs dans son mémoire du mois de juin 1782, sur les routes à tenir pour aller à la Chine et pour en revenir. (Al. Dalrymple, *Memoir concerning the Passages to and from China*. London, juin 1782, in-4°, p. 6), que l'on n'a point de « récit nautique » *nautical account*, du passage de Torrès en 1606 par le détroit qui porte aujourd'hui son nom. C'est donc à une date postérieure de plus de vingt ans à celle de la prise de Manille que le texte de Torrès est venu entre les mains de Dalrymple. Il n'a été imprimé qu'en 1806, dans *A Chronological History*, de Burney.

2. Cette traduction, reproduite d'après Burney dans le livre de M. Major (*op. cit.*, p. 31-42), a été jugée insuffisante par l'honorable Henry Stanley, aujourd'hui lord Stanley of Alderley, qui, s'étant procuré à Madrid la transcription d'une copie du texte original faite au XVIII° siècle, l'a de nouveau traduit dans une des notes qu'il a ajoutées à la fin de son édition anglaise des Philippines de Morga (*The Philippines Islands, Moluccas, Siam, Cambodia, Japan and China at the close of the sixteenth century by Antonio de Morga.*, trad. angl. Hakluyt Society. London, 1868, in-8°, App. VI). C'est cette traduction qui m'a servi plus loin.

à la suite d'un conseil tenu entre les officiers de l'almirante et de la patache, le 26 juin, il a quitté Spiritu-Santo pour accomplir les ordres de Sa Majesté. Après avoir tenté vainement de faire le tour de l'île, ce dont le temps et les courants l'empêchent, à court de vivres, en mauvaise saison, mal secondé par un équipage mécontent, il se décide, après une course d'un degré vers le sud-ouest sans voir de terre, à prendre la route du nord-ouest pour gagner les îles espagnoles. Par onze degrés et demi de latitude sud, il tombe sur ce qu'il appelle le *commencement de la Nouvelle-Guinée.* La côte court de l'ouest à l'est 1/4 nord-ouest sud-est. Il est impossible de doubler la terre en remontant à l'orient, et on en longe le sud en allant vers l'occident. « Toute cette terre est terre de Nouvelle-Guinée, dit Torrès. Elle est peuplée par des Indiens qui ne sont pas très blancs, et qui vont nus, quoique leur ceinture soit couverte d'écorces d'arbres, en manière de vêtements peints de diverses couleurs. Ils combattent avec des javelines, des boucliers et certaines massues de pierres, le tout orné de beaucoup de belles plumes. Le long de cette terre sont d'autres îles habitées. Il y a sur toute la côte de nombreux et vastes ports, avec de très larges rivières et beaucoup de plaines. En dehors de ces îles s'étendent récifs et bas-fonds, les îles sont entre ces dangers et la terre ferme, et un chenal court au milieu. Nous prîmes possession de ces ports au nom de Votre Majesté, à la décision de laquelle les choses demeurent. Ayant couru 300 lieues sur cette côte, comme il a été dit, et vu décroître notre latitude de deux degrés et demi, jusqu'à nous trouver par neuf degrés, en ce point a commencé un banc de trois à neuf brasses qui longeait la côte jusque par sept degrés et demi. Ne pouvant aller plus loin à cause des basses nombreuses et des puissants courants que nous rencontrons, nous nous décidâmes à tourner notre course au sud-ouest par le chenal profond dont il a été parlé, jusque vers le onzième degré. Il y a là d'un bout à l'autre un

archipel d'îles innombrables, par lequel je passai. A la fin
du onzième degré le fond devint plus bas. Il y avait là de
très grandes îles et il en paraissait davantage vers le sud;
elles étaient habitées par un peuple noir, très robuste et
tout nu, ayant pour armes de fortes et longues lances,
beaucoup de flèches et des massues de pierre mal façon-
nées. Nous n'avons pu acheter aucune de ces armes. J'ai
pris dans toute cette contrée vingt personnes de différentes
nations, afin de donner à Votre Majesté, par leur moyen,
de meilleurs renseignements. Elles fournissent déjà beaucoup d'informations sur d'autres peuples, quoique jusqu'à
présent elles ne puissent pas encore se faire très bien
comprendre [1]... »

Rien d'essentiel ne manque à cette relation. Dans son
style maritime aux allures rapides, Torrès résume tous les
traits les plus frappants de l'hydrographie, de la topographie et de l'ethnographie des régions dont il vient de révéler
pour la première fois l'existence. D'une part, ces îles habitées, couvertes du côté de la mer par le récif, avec leur
chenal intérieur; de l'autre, ces basses continues, sur lesquelles la mer déferle avec force, caractérisent admirablement en quelques mots le régime des côtes au sud-est et
au nord-ouest du cap Possession. Les innombrables îles au
milieu desquelles les navires vont passer vers l'ouest, sont,
à n'en pas douter, celles du détroit qui portera le nom du
commandant espagnol. Les terres qu'on voit plus au sud
s'appelleront plus tard les îles du Prince de Galles et la
péninsule d'York. Et quant aux vastes ports, aux rivières et
aux plaines de l'est, un jour viendra, plus de deux siècles
et demi plus tard, où les Anglais les inscriront avec des
noms nouveaux sur leurs cartes nautiques.

Alors seulement aussi les ethnographes apprendront
l'existence dans le sud-est de la Nouvelle-Guinée d'un peuple

---

1. *Trad. cit.*, p. 414.

au teint relativement clair, différant des autres peuples de
cette grande île par des caractères physiques et ethnographiques que Torrès avait signalés à la fois, en même temps
qu'il avait fait connaître quelques-uns des traits propres aux
Australiens et aux vrais Papouas.

Une exploration aussi importante que celle dont le récit
vient de passer sous nos yeux, devait avoir laissé des traces
dans la géographie, et la première question que se posait
en présence de la carte de 1700, à laquelle nous revenons
après cette indispensable digression, devait porter nécessairement sur l'attribution à faire au voyageur espagnol de
la nomenclature inconnue, écrite en sa langue, que nous y
trouvons consignée. Torrès est le seul Européen qui ait
abordé avant Bougainville et Cook les côtes méridionales
de la Nouvelle-Guinée de l'est, et non seulement la carte
ne contient rien qui s'oppose à ce qu'on en assigne la pater-
nité à l'illustre voyageur, mais un certain nombre des détails
qu'on y peut lire sont en rapports étroits avec sa relation.
A ces divers arguments en faveur de l'attribution proposée,
je suis en mesure d'en ajouter un dernier, plus décisif
encore, et que j'emprunterai à un ordre de faits dont l'étude
m'a déjà rendu quelques services au cours de ce travail.

Sur les treize noms espagnols de notre côte méridionale
de Nouvelle-Guinée, six sont puisés dans le calendrier.
L'usage d'imposer aux localités découvertes le nom du saint
du jour où on les a tout d'abord rencontrées, était encore en
vigueur en 1606. Torrès, dans la partie du voyage qui lui
avait été commune avec Quiros, ayant à donner quelques
noms à de petites îles qu'il avait le premier aperçues du
haut de son navire, n'avait pas manqué de choisir ceux qu'il
avait lus dans l'almanach au jour de leur rencontre. Son
rapport au roi appelle, par exemple, l'île vue le 29 janvier
1606, *isla de San Valerio*, et celle que l'on découvre le
9 février, *isla de Santa Polonia*; or, le principal saint fêté
en Espagne le 28 janvier était encore, au commencement

du XVIIe siècle, saint Valère de Saragosse, et la fête de sainte Apolline se célèbre encore maintenant le 9 février.

Torrès a dû agir encore de même après le départ de la capitane. Si l'on peut démontrer que les six noms de saints inscrits à la bande sud de notre carte néo-guinéenne concordent avec les dates où l'almirante visitait les côtes où elles s'alignent, on aura prouvé du même coup, sans contestation possible, que c'est l'illustre marin espagnol qui a créé cette nomenclature et construit la carte qui nous l'a conservée.

Le texte de Torrès ne contient aucune date qui puisse nous éclairer sur le moment précis de son apparition dans ces parages. Mais il n'est peut-être pas bien difficile, étant connu le jour de son départ de Spiritu Santo, de déterminer avec une suffisante approximation, à l'aide des données précises fournies par quelque autre voyage accompli dans des conditions semblables, l'époque vers laquelle ses navires arrivaient dans les eaux de la Nouvelle-Guinée.

Torrès nous apprend qu'il tint un grand conseil quinze jours après le départ de Quiros, et qu'à la suite de cette réunion on quitta Spiritu Santo. La capitane avait disparu le 11 juin, c'est donc le 26 qu'eut lieu la délibération qui mit fin au séjour dans la baie de Saint-Philippe et Saint-Jacques, et c'est ce jour ou le lendemain que l'almirante et la *Zabra* reprirent leur marche.

Or, les deux vaisseaux de Bougainville [1] quittaient en 1768, vers la même époque de l'année, le même archipel auquel le nom de grandes Cyclades venait d'être imposé, marchaient d'abord droit à l'ouest, puis gagnaient dans le nord-ouest un point de la côte méridionale où Torrès était venu atterrir cent soixante-deux ans avant. Parties le 29 mai de la pointe sud de Spiritu Santo (cap Lisburne des Anglais),

---

1. *Voyage autour du monde par la frégate du Roi* la Boudeuse *et la* flûte *l'Étoile, en 1766, 1767, 1768 et 1769.* Paris, 1771, in-4, ch. IV et V.

la *Boudeuse* et l'*Étoile* arrivaient, treize jours après, le
10 juin, au Cul-de-Sac de l'Orangerie.

Les navires de Torrès faisant route à peu près dans la
même saison, avec mêmes vents régnants, mêmes courants, etc., auraient marché à peu près aussi vite, s'ils
avaient suivi tout à fait la même direction. C'étaient de
bons navires, les plus solides et les mieux armés qu'ait
encore vus la mer du Sud, au dire de Torquemada. L'infé-
riorité de leur marche, par rapport aux bâtiments de 1768,
ne pouvait pas être si marquée que l'on dût, pour en tenir
compte, ajouter beaucoup aux treize jours de navigation
de l'escadre française.

Mais Torrès, de son propre aveu, avait perdu du temps
en cherchant d'abord à faire le tour du Spiritu Santo, en
s'efforçant ensuite d'avancer dans la direction du sud-ouest.
Il faut donc allonger de quelques jours sa traversée de
Spiritu Santo à la Nouvelle-Guinée, pour faire la part de
ces deux causes de retard. Si l'on suppose qu'une semaine
a pu être employée à cette double recherche, les Espagnols
auront dû arriver en vue de la grande terre vers le milieu
de juillet.

Or, le premier vocable qui se rencontre sur la carte du
Neptune, après ceux qui désignent des terres dépendant ma-
nifestement de l'archipel Salomon, ainsi que je l'ai précédemment montré, est celui de Saint-Bonaventure, dont la
fête se célèbre le 14 juillet [1]. Le deuxième nom marqué sur
notre côte méridionale est celui de la Madeleine, *Tierra
de la Madelena,* qui tombe le surlendemain. Après ces
noms de saints du mois de juillet, s'alignent dans un certain désordre des saints du mois d'août : saint Laurent,
patron du 10 de ce mois, sainte Claire, que l'on fête le 12,

---

1. Dans sa lettre de 1613 au roi d'Espagne, Diego de Prado appelle la
grande terre découverte par l'expédition *la magna Margarita,* probablement parce que c'est le 20 juillet, jour de sainte Marguerite, que l'on en
prit pour la première fois connaissance (Henry Stanley, *trad. cit.,* p. 428).

saint Barthélemy, dont la date correspond au 24, saint Augustin enfin, inscrit sous celle du 28 [1].

Nous avons déjà dit qu'il ne faut se préoccuper sérieusement, dans la carte qui est sous nos yeux, ni de la nature des lieux auxquels s'appliquent les mots qu'elle fournit, ni de la place exacte que leur a donnée le graveur. Nous avons vu sur la côte nord-est un certain nombre d'exemples de transpositions et de changements d'attributions.

Il est probable qu'il en doit être de même à la côte sud-est, pour laquelle nous n'avons plus les moyens de correction que nous fournissaient pour le nord-est Mercator, Herrera, etc. Aussi ne nous étonnerons-nous pas de voir Santa Clara à l'orient de S. Bartolomeo, ou de rencontrer entre le port et l'île placés sous l'invocation de cet apôtre une autre île dédiée à saint Laurent.

Il n'en reste pas moins établi que les localités méridionales qui portent des noms empruntés au calendrier s'échelonnent de l'est à l'ouest, de telle sorte que les saints du mois de juillet se présentent d'abord, puis ceux du mois d'août, et que la rencontre est parfaite entre les dates présumées du passage de l'expédition et celles qui correspondent aux saints dont les noms figurent sur la carte. Je conclus sans hésitation de cette coïncidence que c'est bien au voyage de 1606 que cette carte était destinée à servir d'explication.

Or, sur cette carte, la *tierra de Buenaventura* occupe, à l'extrémité de la dent méridionale d'une sorte de fourche comparable dans une certaine mesure à celle que M. Moresby a décrite, une situation toute semblable à celle que

---

1. Un seul nom emprunté à l'hagiographie reste en dehors de cette curieuse série à la bande sud de la Nouvelle-Guinée; c'est celui des *Trois Maries* donné à un petit groupe d'îles, que l'on voit en bas de notre carte, et vers son milieu, mais dont je crois pouvoir m'expliquer la présence par un malencontreux détournement fait ici au détriment des îles Salomon sur la carte desquelles Mendana avait inscrit ce nom en 1567.

ce navigateur attribue à ses îles Hayter, Basilisk, Moresby, etc. Sans attacher plus d'importance qu'il ne faut à des contours dont la précision est souvent en défaut ailleurs, je crois pouvoir pourtant conclure de mon examen à une reconnaissance, dirigée par les Espagnols de 1606, pendant leur illustre voyage, au sein de l'archipel que l'on sait aujourd'hui former la terminaison orientale de la Nouvelle-Guinée. La terre de Saint-Bonaventure, bien distincte de la grande terre, avait une certaine étendue, elle ne peut donc se confondre avec aucune des îles de la Louisiade, comme M. Stanley l'a pensé [1]. Ces îles, surtout à la bande du sud, sont petites, couvertes de fort loin, au moins les plus importantes, par un immense récif à peu près continu et presque inabordable. Pour avoir tenté de remonter par l'est, les deux navires espagnols ont dû nécessairement prendre connaissance de la terre à une certaine distance à l'ouest de son extrémité, et comme je trouve sur la carte de 1700 cette extrémité terminée par une île d'une certaine étendue, je me crois autorisé à admettre que c'est à la hauteur du groupe Moresby des cartes actuelles que l'escadre de Torrès est venue aborder et que la tentative dirigée vers l'est a été faite, soit le long des îles qui forment cet archipel, soit par l'un des détroits qui conduisent par la baie Milne vers la pointe nord-est de la fourche et l'archipel de d'Entrecasteaux.

Si *Buenaventura* est l'une ou l'autre des îles récemment découvertes par les Anglais, le *Mira como vas*, forme espagnole de l'*Attention* de nos instructions nautiques, correspondra aux îles Brumer, et la *Santa Clara* se placera un peu plus loin, vers le groupe Dufaure. En continuant l'examen comparatif des contours méridionaux de la vieille carte avec ceux des cartes récentes, on sera amené à considérer le port de Saint-Barthélemy comme notre baie de la Table,

_____

1. H. Stanley, *trad. cit.*, p. 414, n. 2.

l'île *San Lorenzo* comme l'île Grange actuelle, *puerto de San Agustino* comme le *Cloudy Bay* des Anglais, le *cabo de la Costa*, enfin, comme la pointe Hood des mêmes hydrographes. Plus loin, dans le nord-ouest, la *punta de la Galera*[1], pointe de la galère, ainsi nommée peut-être de quelqu'un de ces grands canots usités par les naturels, sera représentée par le cap Suckling et *las Riadas*[2], les ruisseaux, conviendra très bien pour désigner la baie de Fresh water.

Les navigateurs ont depuis longtemps appelé l'attention sur le contraste que forme avec la chaîne des hautes montagnes d'Owen Stanley le pays bas et plat que l'on trouve en allant au nord-ouest après le cap Possession; c'est ce qu'exprime la carte de d'Ablancourt par les mots *Tierra baixa*, terre basse. Au delà commence le détroit de Torrès, représenté par le mot *Abrolhos*, les écueils. Un groupe d'îles innominées, que l'on voit dessiné à gauche de ce mot, rappelle l'archipel compliqué qui hérisse cette dangereuse mer.

Avec *los Abrolhos* prend fin le long voyage que nous venons de faire autour des côtes de la Nouvelle-Guinée. Quelque incomplets que soient encore les documents qui ont fourni la base de ce travail, quelque insuffisantes que demeurent certaines identifications que nous avons proposées, il est aujourd'hui établi que dès 1606 il ne restait d'absolument inconnu dans la moitié orientale de la Nouvelle-Guinée que les côtes qui s'étendent à l'est, depuis les montagnes du Finistère jusqu'à la baie Milne, côtes dont Dampier, puis d'Entrecasteaux et d'Urville, et de nos jours M. Moresby, ont successivement arrêté de mieux en mieux les contours. Saavedra, Grijalva, Yñigo Ortiz, d'une part, Fernand Vaz de Torrès, de l'autre, avaient longé presque toutes les autres terres et imposé aux points les plus remarquables

---

1. Je lis *Galera* et non *Gabera* comme Mortier l'a imprimé.
2. Correction du *Tiados* de la carte, qui n'a aucun sens.

des noms qu'il y a lieu de faire revivre partout où l'on peut
retrouver leur position avec quelque certitude et où la
nomenclature indigène, que l'on doit toujours préférer, se
montre insuffisante. D'autres noms encore reprendront sur
les cartes modernes la place qu'ils n'auraient jamais dû
perdre, si, comme nous aimons à le croire, les documents
originaux des navigations de Saavedra, d'Ortiz, etc., se
retrouvent quelque jour comme s'est retrouvée la relation
de voyage de Torrès à la fin du xviii⁰ siècle, et si l'histoire
de ce dernier se complète par la découverte des plans qui
en ont été dressés.

L'un des officiers de Torrès, Diego de Prado, écrivant de
Goa, le 24 décembre 1613, la lettre citée plus haut, annon-
çait l'envoi au roi de la carte des découvertes effectuées par
Luis Vaes de Torrès[1]. Puisque la lettre de Diego de Prado
est arrivée à sa destination, et qu'une copie a pu en être
consignée au Ms. J. 2 de la Bibliothèque nationale de Madrid, où lord Stanley l'a rencontrée, nous sommes en droit
d'espérer que les levers qui l'accompagnaient tomberont
quelque jour sous les yeux d'un géographe qui en saura reconnaître l'importance ; et, publiés tout aussitôt, viendront
compléter les renseignements que nous avons pu coor-
donner dans les pages qui précèdent sur cette campagne de
1606, la plus audacieuse et la plus habilement conduite que
les Espagnols aient dirigée dans les eaux inconnues du
grand océan Pacifique.

1. Stanley, *loc. cit.*, p. 412.

BOURLOTON. — Imprimeries réunies, B

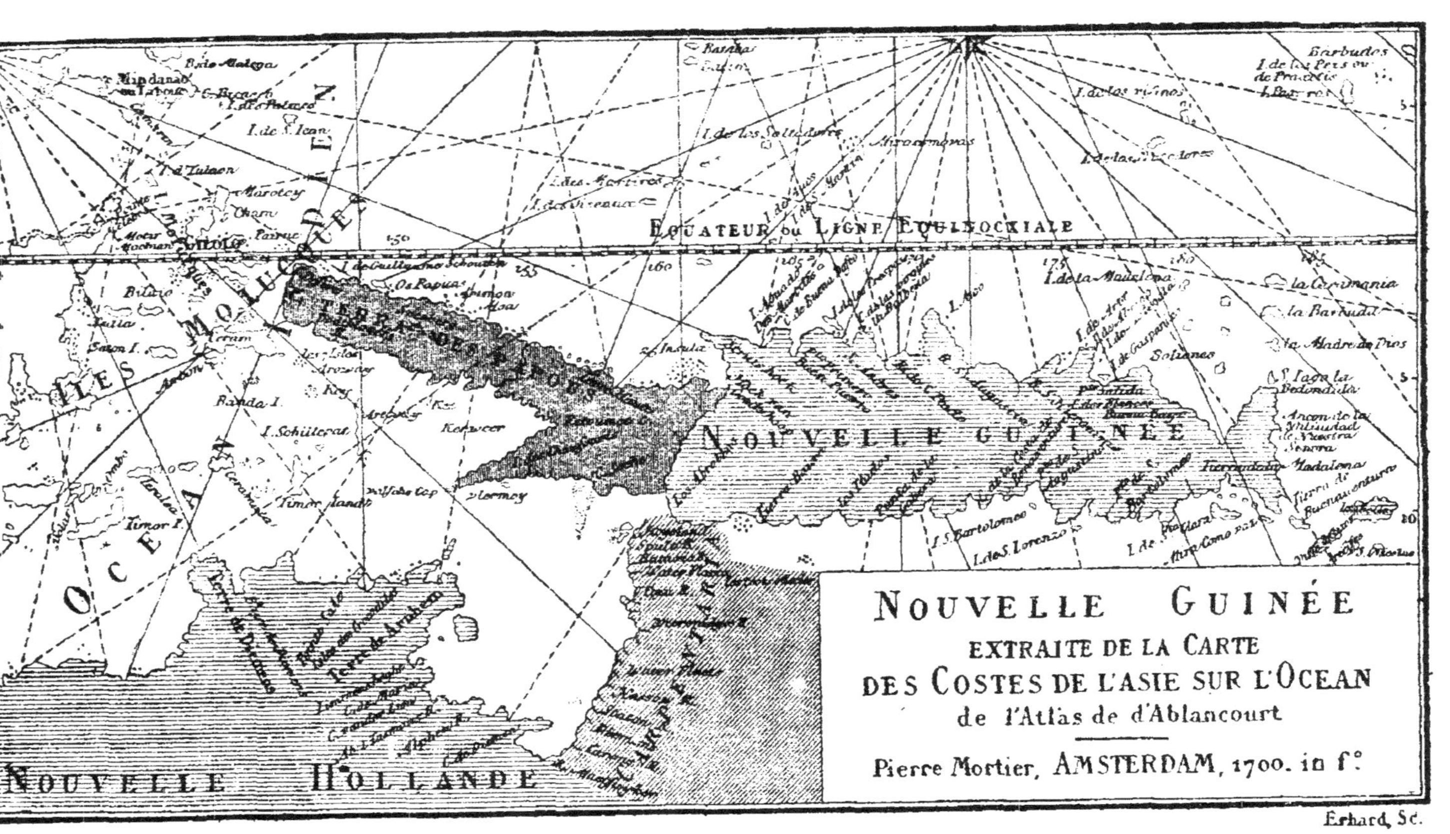

NOUVELLE GUINÉE
EXTRAITE DE LA CARTE
DES COSTES DE L'ASIE SUR L'OCEAN
de l'Atlas de d'Ablancourt
Pierre Mortier, AMSTERDAM, 1700. in f°.
NOUVELLE GUINÉE
NOUVELLE HOLLANDE
TERRE DES PAPOUS
ILES MOLUQUES
OCEAN
EQUATEUR ou LIGNE EQUINOCXIALE
Erhard, Sc.

LE DESCOBRIDOR

GODINHO DE EREDIA

Le 22 mars 1875, S. E. M. José da Silva Mendes Leal,
ambassadeur de Portugal à Paris, adressait à l'Académie
des sciences de l'Institut de France, par l'entremise de
M. Boussingault, le fac-simile d'une pièce trouvée à la fin
de l'année précédente dans les archives de Lisbonne et à
la découverte de laquelle les savants portugais avaient cru
devoir attacher assez d'importance pour en faire exécuter
des épreuves photographiques tirées avec une grande per-
fection.

C'était une lettre sans lieu ni date, mais d'une grosse écriture paraissant se rapporter au commencement du XVII°
siècle. Elle était signée *M^{el}. Godinho de Eredia* et adressée
à un personnage innomé que l'on y qualifiait d'*illustris-
sime seigneur* (1). On y pouvait lire que ledit Godinho,

(1) Voici la traduction de cette lettre. Elle diffère à peine de celle que
M. Boussingault a insérée au compte rendu de la séance du 22 mars
1875 de l'Académie des sciences.

Illss^{me} Seur,

A l'arrivée des navires, on m'a assuré que V. S. Illss^{me} éprouvait quelque tristesse ; c'est pourquoi, en fidèle serviteur, je me suis présenté à ces
palais pour vous faire mes condoléances au sujet de la mort du Seign. Don
Vasco de Gama que Dieu reçoive dans son éternelle gloire, mais chaque
fois je n'ai pu y entrer. V. S. Illss^{me} étant complétement renfermée et re-
cueillie, ainsi qu'il était vrai.

Malgré cela, je souhaite à V. S. Illss^{me} d'être aussi heureuse et prospère
qu'elle l'est ou désire l'être. J'ai vu, ce que j'espérais, l'arrivée après un

4

n'ayant pu obtenir une audience qu'il avait plusieurs fois
sollicitée, écrivait au grand personnage pour lui faire ses
condoléances au sujet de la mort de don Vasco de Gama et
pour l'entretenir d'une entreprise à diriger vers une île
appelée l'île de l'Or dont la situation n'était pas indiquée,
mais qu'on pouvait gagner de Timor, ou de Sabbo (Savou).

M. Mendes Leal qui transmettait le document à l'Institut,
M. Boussingault qui en donnait la traduction, supposèrent

voyage prospère des navires et des gens de Portugal, qui sont venus encore à temps pour l'entreprise d'or ; et comme cette entreprise concerne
V. S. Illss^{mo} plus que moi, je ne tiens pas pour nécessaire de démontrer
comme quoi le 13 de septembre est l'époque la plus favorable pour entreprendre le voyage de Malaca, non plus qu'il y a lieu de favoriser cette
découverte. Certainement V. S. Illss^{me} l'entend bien de la sorte, elle qui est
très-bien au fait de tout cela ; par conséquent elle voudra bien faire tout ce
qui sera nécessaire, si elle croit qu'il convient de faire cette découverte
d'Or, et je me tiendrai prêt ou ne le serai point, suivant son désir paternel.

Je ne puis cependant m'empêcher d'exposer à V. S. Illss^{mo} que le but
ou le succès de la découverte d'or dépend aussi de la connaissance du temps
qu'il fait dans la mer d'or, car en dehors de cette connaissance, on s'expose
à subir le plus mauvais temps du monde.

Pour plus de clarté, il faut savoir que dans ladite mer d'Or il règne
des tempêtes hivernales de mars à juillet.

Les choses étant ainsi, et appareillant à la mousson de septembre, je
puis être à Malaca tout novembre et décembre, faire un voyage jusqu'à
Solr (Solor) d'où je puis aller en chaloupe à Timor et de là à Sabbo (Savou) ; hiverner dans quelqu'une de ces îles où je prendrai mes informations sur l'Or, et au mois d'août et septembre suivant, avec l'aide de Dieu
tout-puissant, entreprendre l'heureuse découverte de l'île d'Or.

N'appareillant qu'à la mousson d'avril, il faudrait alors séjourner à Malaca les mois de juin, juillet, août, septembre, octobre et novembre, et ne
partir qu'en décembre pour Solr.

Veuillez donc ordonner ce qui conviendra le mieux à Sa Majesté le
roi de Portugal et à V. S. Illss^{mo}, car je ne suis que votre humble serviteur
et un instrument pour effectuer cette découverte d'Or à laquelle me pousse
ma conscience qui ne me laisse de répit, parce que Dieu doit me favoriser, et à cette fin je supplie V. S. Illss^{mo} de vouloir bien fixer son choix
sur ma personne pour une pareille faveur, vous qui pouvez tout dans cette
affaire, priant Dieu de vous donner santé et longue vie pour le bonheur
de l'Inde orientale et de vos serviteurs.

M^{el} GODINHO DE EREDIA.

(Cf. Compt. rend. Ac. sc., 1875, p. 743-744. 22 mars.)

que cette île de l'Or était l'Australie, et le savant académicien fit même remarquer qu'il était surprenant qu'un marin portugais ait eu connaissance, à une époque aussi ancienne, de l'existence dans ce continent du précieux métal qui n'y a été découvert qu'en 1848, et tout d'abord dans des régions situées fort loin vers le sud.

La presse s'émut dans une certaine mesure de la communication de M. Mendes Leal, et plusieurs rédacteurs scientifiques, s'emparant de l'identification hypothétique qui venait de se produire entre l'*Ilha do Oro* de Godinho et la Nouvelle-Hollande, se figurant que la lettre faisait allusion à la mort du grand Vasco de Gama, se hâtèrent de conclure, sans avoir vu la pièce, que le document présenté à l'Académie des sciences démontrait que les Portugais avaient eu connaissance du continent austral vers 1524, année de la mort du célèbre navigateur qui alla le premier aux Indes par le cap de Bonne-Espérance.

La lettre de Godinho fut présentée quelque jours plus tard à notre Société, et ce document ne tarda point à être ramené à sa juste valeur (1). Ceux de nos collègues qui s'adonnent plus spécialement à l'étude de la géographie historique savaient, en effet, qu'un cosmographe portant exactement les mêmes noms et prénoms que l'auteur de la lettre, avait vécu dans les Indes portugaises à la fin du XVIe et au commencement du XVIIe siècle, c'est-à-dire pendant la période indiquée par l'écriture du document mis à l'étude. Ils connaissaient des extraits de plusieurs de ses écrits et avaient pu lire son nom sur certaines cartes anciennes qui lui faisaient jouer un rôle dans la découverte de terres situées au sud de la Sonde. M. Codine rappela sommairement les indications relatives à Godinho, fournies par M. Major, du *British Museum*, de 1861 à 1868, et par M. Ruelens, de

_____

(1) *Bull. Soc. Géogr.*, 6e série, t. IX, p. 437, 17 mars 1875. — Cf. *Ibid.*, t. VI, p. 104.

Bruxelles, en 1871 (1), tandis que M. Maunoir résumait les documents cartographiques du xvie siècle relatifs aux terres australes (2).

Ni ces deux géographes, ni les savants dont ils rappelaient les travaux, n'avaient eu pourtant connaissance des textes les plus importants sur Godinho, retrouvés à la Bibliothèque nationale par un de nos collègues, fort au courant des choses du Portugal, M. Léon de Cessac.

Ces textes, dont il a bien voulu me faire connaître la source (3), combinés à ceux dont M. Codine a rappelé l'existence et à quelques autres encore publiés par Antonio Lourenço Caminha et par M. Leupe, permettront de refaire un jour, d'une manière à peu près complète, la biographie pleine d'intérêt du cosmographe portugais. Je ne puis aujourd'hui qu'esquisser sa curieuse figure, en insistant sur le rôle qu'il a joué dans l'histoire des découvertes géographiques et ethnographiques. Cette courte étude montrera que si Godinho n'a point eu l'honneur de découvrir le continent austral, comme plusieurs l'ont affirmé, il n'a pas été, du moins, sans rendre de réels services à la science pendant le cours de sa remuante existence.

1

Peu d'hommes ont pris soin autant que Godinho de leur réputation future, peu de savants surtout ont conservé avec

(1) R. H. Major, *Discovery of Australia by the Portuguese in 1601, five years before the earliest discovery hitherto recorded*. Br. in-4º, London, 1861, tirée du vol. XXXVIII de l'*Archæologia*. — Id. *The Life of Prince Henry of Portugal surnamed the Navigator*. London, 1868, in-8º, p. 442. — Ruelens, *la Découverte de l'Australie, notice sur un manuscrit de la bibliothèque royale de Bruxelles* (*Compt. rend. du Congr. des sc. géogr.* tenu à Anvers du 14 au 22 août 1871. Anvers, 1872, t. II, p. 513).

(2) Voir le résumé de la communication de M. Maunoir dans l'*Explorateur* du 1er avril 1875 (p. 206).

(3) Ms. portugais nº 44 (Anc. Suppl. Fr. nº 4567), in-4º de 65 f^{os}.

celte minutieuse attention à la postérité le récit détaillé des faits et gestes qui les concernent.

Godinho, vaniteux à un point que l'on ne saurait dire, traite sa biographie (*Sumario da Vida*) (1) avec une complaisance sans égale ; nous savons le jour et l'heure exacte de sa naissance, les noms de tous les membres de sa famille, etc. Il nous met au courant de ses goûts et de ses aptitudes, se montre, avec une emphatique complaisance, « dressant des cartes très-curieuses de l'Inde orientale et de l'Asie, réformant les antiques descriptions de mappemondes et théâtres avec de nouvelles descriptions et chorographies du Cathay et de l'Inde méridionale », etc., etc. Il énumère pompeusement ses titres et fait connaître par le menu les distinctions et les récompenses dont il a été l'objet. Enfin, et c'est au moins une compensation pour l'historien, au milieu de tout cet amas de renseignements d'un médiocre intérêt, on trouve le récit plus ou moins détaillé des opérations auxquelles il s'est trouvé associé, et parmi lesquelles se place au premier rang la tentative dont il est question dans la lettre dont je parlais en commençant ce travail.

Avant d'arriver à l'examen des entreprises de Godinho, il convient de résumer brièvement l'histoire de sa vie, dégagée des ornements dont il s'est plu à l'embellir. Les renseignements que fournit le *Sumario da Vida* sont, en effet, de nature à jeter une certaine lumière sur le personnage lui-même et sur son œuvre.

On s'explique mieux son étrange vanité quand on sait qu'il était né métis, et le fait d'avoir étudié dans un couvent de jésuites explique toute cette érudition géographique dont il fait étalage et qu'on ne rencontre guère à cette époque que dans les établissements de cette savante compagnie.

____

(1) Ce *Sumario : da : Vida* termine le manuscrit que possède la Bibliothèque nationale (fᵒˢ 62-65).

Manuel Godinho de Eredia ou Heredia était né à Malacca
le 16 juillet 1563. Il était le dernier de quatre enfants issus
du mariage de Juan de Heredia Aquaviva et de dona Helena
Vessiva, fille de don Juan, roi de Supa de Macassar et propriétaire de l'État de Machoquique. D'abord élève du collége de la compagnie de Jésus à Malacca, il part à treize
ans, en 1576 par conséquent, pour Goa, où il va terminer ses
études au séminaire des jésuites de cette ville. En 1579, à
peine adolescent, il entre dans la compagnie. On s'empresse d'utiliser les aptitudes spéciales du jeune novice en
lui donnant à enseigner les mathématiques. Sa passion pour
la géographie se manifeste avec assez de force pour lui
faire quitter au bout d'un an l'habit religieux (1580).
On le trouve un peu plus tard cosmographe-major de l'État,
et c'est dans l'exercice de cette fonction que la lecture de
Marco Polo, de Vartomanus, etc., l'étude des cartes et des
portulans et les récits colportés par quelques navigateurs
des îles de la Sonde, appellent pour la première fois son attention vers les terres australes.

C'est vraisemblablement à cette première période de sa
vie qu'appartient l'*Informação da Aurea Chersoneso ou Peninsula e das Ilhas Auriferas, Carbunculas e Aromaticas*
qu'Antonio Lourenço Caminha a publiée en 1807 en réimprimant les Ordonnances de don Manuel (1). M. Major (2) a
tiré de cet opuscule le récit d'un voyage exécuté, à une
date indéterminée, par des pêcheurs de Solor jusqu'à une
île appelée l'*ile de l'Or*, voyage dont Godinho s'est empressé,
comme il convenait, de transmettre la nouvelle aux autorités portugaises.

Des pêcheurs de Lamakera, dans l'île de Solor, surpris
par une tempête épouvantable, auraient été, suivant ce

<hr>

(1) *Ordenacãos da India do Senhor Rei D. Manoel.* Lisboa, impr. reg.,
1807, in-8°, p. 65-151.

(2) R. H. Major, *The life of Prince Henry of Portugal surnaméd the
Navigator*, p. 445.

récit, emportés pendant cinq longs jours vers une île située dans la mer au delà de Timor, dans la direction du
sud. A bout de ressources alimentaires, les malheureux
matelots vont à terre faire quelques provisions, et en cherchant des yams et des patates, découvrent tant d'or qu'ils
en peuvent charger leur bateau. Une autre tempête les
prend au retour et les pousse à Ende (Florès). En vain
tentent-ils de gagner de nouveau l'*Eldorado* dont ils n'ont
pu qu'à peine effleurer les trésors; en vain les insulaires
d'Ende s'efforcent-ils à leur tour d'aborder aux rivages de
cette terre merveilleuse. L'île enchantée que les légendes
de l'Orient célèbrent à l'envi depuis tant de siècles, dont
tour à tour Indous, Arabes et Malais ont vanté les richesses,
s'est de nouveau dérobée à la vue des mortels. Mais la
Providence a voulu que Godinho ait connaissance de la découverte, et grâce à l'intervention du cosmographe-major,
ce que de misérables Soloriens n'ont pas pu faire, les flottes
du Portugal vont pouvoir l'exécuter.

Le cosmographe, préposé par instructions du 14 février
1594 au service des découvertes destinées à « ajouter de
nouveaux patrimoines à la couronne de Portugal » et à
« enrichir la nation portugaise », s'approprie la légende
malaise de l'île d'Or (1), et, dans un rapport adressé à l'amiral vice-roi Francisco da Gama, comte de Vidigueira, il
s'efforce, après avoir fait valoir le signalé service qu'il rend
à la couronne, à la religion, etc., et mis en relief son habi-

***

(1) Cette légende se traduisait, dès l'époque de Sébastien Cabot, par l'inscription dans sa carte, à l'est de Nicobar et de Malaque, des *Y^{as} d'Oro*. C'est
en voulant gagner ces îles que le célèbre D. Pacheco perdit la vie. La
croyance aux îles d'Or était si généralement répandue parmi les navigateurs
dans ces parages au XVIe siècle, qu'Alvaro de Saavedra, touchant en 1528 à
la Nouvelle-Guinée, attribua le nom d'*Isla del Oro* à la terre qu'il venait de
découvrir (Cf. E. T. Hamy, *Commentaires sur quelques cartes anciennes de
la Nouvelle-Guinée, pour servir à l'histoire de la découverte de ce pays par
les navigateurs espagnols. — (Bull. Soc. Géogr.*, 6e sér., t. XIV, p. 458. Novembre 1877.)

leté comme capitaine et sa science en cosmographie, de déduire les nombreuses raisons qui doivent lui valoir l'assistance du pouvoir dans l'entreprise de l'or.

Francisco da Gama, vice-roi et amiral des Indes, était parti de Lisbonne pour prendre possession de son commandement le 10 avril 1596, suivant l'historiographe Barretto de Resende (*Tratado dos Vizo Reyes da India*); il a rempli cette double fonction pendant trois ans et sept mois. C'est donc entre 1597 et 1600 que prend place l'envoi de l'*Informação da Aurea Chersoneso*, adressée à ce personnage, que Ayrès de Saldanha remplaça à cette dernière date.

L'arrière-petit-fils de Vasco de Gama paraît avoir accueilli avec faveur les renseignements et les propositions de Godinho. C'est pendant sa courte administration que le cosmographe, honoré déjà pour ses seuls renseignements du titre de DESCOBRIDOR, obtient le grade d'adelantado ou gouverneur militaire des pays à découvrir, l'habit du Christ et la promesse du vingtième des revenus des terres dont il doit prendre possession au nom du Portugal (1).

Malheureusement le bon vouloir du vice-roi pour l'expédition vers le sud est paralysé par les graves événements qui se déroulent dans les Indes. Un ennemi nouveau a surgi contre les Portugais. Les Hollandais sont arrivés à Sumatra en 1596 avec Cornelis Houtman (2), et le Portugal, lié depuis quinze ans par un pacte fatal au sort de l'Espagne, va voir tomber peu à peu son empire colonial sous les coups des implacables adversaires de Philippe II.

Francisco da Gama est secondé dans son œuvre défensive par son frère Vasco, qu'il vient de perdre au moment où Godinho, arrivant de Malacca pour recommander son en-

---

(1) Ruelens, *loc. cit.*, p. 522.

(2) *Relation du premier voyage des Hollandois aux Indes orientales* (*Recueil des voyages qui ont servi à l'établissement et aux progrès de la compagnie des Indes orientales.* Trad. fr. Rouen, 1725, in-12, t. I, p. 349).

treprise au nouveau vice-roi, débarque à Goa et rédige la lettre publiée par M. Mendes Leal.

Nous sommes en 1600. Ayrès de Saldanha vient de prendre la direction des affaires portugaises, et les circonstances se montrent moins favorables que jamais aux découvertes que Godinho a rêvées. Jacques van Heemskerck et d'autres hardis navigateurs hollandais tiennent la mer, bloquent plus ou moins étroitement les ports et prennent les galions (1). Malacca, menacé dès 1601, est assiégé par Cornelis Matelief en 1606 (2), et Godinho, que Saldanha a envoyé dans ce port, dont il doit partir pour son voyage de découvertes, reste dans la forteresse, où il est chargé d'un service de génie militaire (3). On voit dans le *Sumario da Vida* qu'il a construit la citadelle de Muár, à l'embouchure de la rivière de ce nom, élevé d'autres forts qui défendaient les détroits de Singapore et de Sabbao, et dirigé plusieurs expéditions maritimes contre les pirates malais, ceux de Sumatra, d'Aracan, etc., à la tête d'une flotte de douze galiotes et de soixante brigantins.

Il se glorifie d'avoir découvert, à cette époque, « tout le pays du détroit de Malacca, entre les rivières de Muár et Panagin (4) », abondant en mines d'or, d'argent, de pierreries, en pêcheries de perles, mercure, alun, salpêtre et autres richesses « dont il a des certificats authentiques ».

Ces découvertes ont fait l'objet d'un petit mémoire spé-

---

(1) J. P. I. Dubois, *Vies des gouverneurs généraux, avec l'abrégé de l'histoire des établissements hollandais aux Indes orientales.* La Haye, 1763, in-4º, p. 6.

(2) *Voyage de Corneille Matelief le Jeune aux Indes orientales (Rec. cit., trad. fr., t. V, p. 270 et suiv.).*

(3) C'est pendant ce séjour forcé dans la péninsule malaise que Godinho a dressé la carte du groupe de Banda que M. Leupe a récemment publiée (P. A. Leupe, *Kaartje van de Banda-eilanden vervaardig door Emanoel Godinho de Eredia in 1601 (Bijdragen tot de Taal-Land-en Volkenkunde van Nederlandsch-Indie.* III Vg. XI D. z. 380-388, 1876).

(4) La rivière de Muár se jette à la mer au S. E. de Malacca, par 2º lat. N. (Petermann's Mittheil, 1857, taf. 21).

cial, imprimé par Caminha dans les *Ordenacaòs da India*, et qui a pour titre *Liste des principales mines d'or obtenue par les explorations curieuses de Manuel Godinhode Heredia, cosmographe indien, résidant à Malacca depuis vingt ans et plus*. Il en est aussi question longuement dans les deux premiers livres de la *Declaraçam de Malaca e India Meridional com o Cathay*, écrite en 1613 et dont nous nous occuperons tout à l'heure. On voit dans le dixième chapitre du second livre de cet ouvrage, que pour ne pas rendre inutile son titre officiel de *descobridor*, Godinho a exploré l'intérieur de Malacca, encore si peu connu aujourd'hui, qu'il a parcouru cette presqu'île en tous sens, tracé des cartes et des plans topographiques, relevé la position des mines, etc., etc. (1). Cette partie de son œuvre, demeurée entièrement inédite, serait probablement plus intéressante à connaître que celle qui nous reste à exposer et dont M. Ruelens a déjà brièvement entretenu le congrès de géographie d'Anvers. A Malacca, Godinho est véritablement un *découvreur* et ses efforts ne sont pas sans profiter en quelque façon à la science. La découverte de la terre pompeusement appelée *Inde méridionale* va se faire *par procuration* et Godinho acceptera sans aucune critique des récits tellement exagérés, qu'il deviendra bien difficile plus tard de retrouver avec quelque certitude la terre dont il a poursuivi l'exploration.

II

Pendant ses luttes contre les Malais et ses voyages dans l'intérieur, Godinho a contracté des infirmités qui vont en s'aggravant de plus en plus. Ne trouvant à Malacca aucune ressource contre son mal, le *descobridor* s'embarque de nouveau pour Goa, où il va se faire traiter, en même temps

____

(1) Ruelens, *loc. cit.*, p. 522.

qu'il portera au vice-roi Martim Affonso de Castro les dernières nouvelles des terres australes (1). Castro est arrivé aux Indes en 1605, il y est mort en 1607 (2). C'est entre ces deux dates que s'accomplit le passage de Godinho à Goa et que se place, par conséquent, le premier récit relatif à l'Inde méridionale et au voyage qu'y a fait Chiay Masiuro, roi de Damut (3).

Une embarcation, entraînée par la tempête, avait amené, en 1601, au port javanais de Balambuan (4), des étrangers partis d'une terre inconnue. Ils étaient presque en tout semblables aux Javanais, dont ils avaient la forme de corps et la physionomie; le langage des deux peuples ne différait pas plus que celui « des Castillans et des Portugais », et leurs usages étaient les mêmes, sauf en ce qui concerne la chevelure, que ces étrangers portaient « longue, à la mode des Nazaréens et tombante sur les épaules (5) ». Ces Jaos (6) « d'une autre race » furent sympathiquement reçus et fort bien traités par ceux de Balambuan, et le roi de Damut, que Godinho appelle tour à tour Chiaymasuro ou Chiay Masiure (7), se laissa entraîner à aller visiter le pays inconnu d'où ils étaient partis. Le roi de Damut, embarqué

<hr>

(1) Ruelens, *loc. cit.*, p. 523.

(2) Barreto de Resende, *op. cit.*

(3) *Ms. cit.*, f° 56.

(4) La baie de Balambuan, ou Ballanbuan, sur les vieilles cartes de Java, occupe dans le détroit de même nom qui sépare Java de Bali (détroit actuel de Bali) l'emplacement de la baie de Pampang (Dubois, *op. cit.*, p. 104. — *Recueil des voyages*, etc., t. II, p. 1. — Cf. Melvill van Carnbee., *Kaart van het eiland Bali* (*Atlas van nederlandsch Indie*, n° 31, 1856).

(5) *Ms. cit.*, f° 59.

(6) Galvão nous apprend que ce nom qu'il écrit *Jaoas* s'appliquait de son temps d'une manière générale à toute la Sonde (Ed. Soc. Hakluyt. London, 1862, p. 116).

(7) Le premier de ces mots est le qualificatif qui revient si souvent dans les récits hollandais du XVII° siècle sous la forme *Kiay*. Citons le Kiay Waiga, le Kiay Poetoe, le Kiay Lacmoy, etc., qui jouent des rôles plus ou moins importants dans les luttes qui ont précédé la fondation de Batavia (Dubois, *op. cit.*, p. 51-55.)

avec quelques compagnons sur un canot à rames, parvient en douze jours dans un port d'une grande terre nommé Lucaantara. Bien reçu par le chef du pays où il a abordé et auquel il donne le titre de *xebandar* (1), le voyageur javanais admire la végétation et les richesses de la contrée, dont il recueille les produits les plus précieux, et, poussé par la mousson, revient en six jours à Balambuan, accompagné du *xebandar*, qui vient à son tour visiter l'île de Java (2).

Un *vreador* de Malacca, Pedro de Carvalhaës, était alors à Balambuan. Il fait parvenir au *descobridor* la notice adressée par Chiay Masiure au roi de Pam (3) sur son voyage et l'attestation qu'il avait donnée lui-même au roi de Damut à son arrivée de Lucaantara (4). Ces deux documents, qui renferment les indications les plus extraordinaires (5), seront la pièce de résistance du rapport que Godinho va porter à Goa.

On y voit que le roi de Damut a reçu de son confrère de Lucaantara quelques poignées de monnaies d'*or* semblables à celles de Venise; que les Lucaantariens « ont la tête ceinte d'un ruban d'*or* martelé, portent des poignards ornés de pierreries et sont très-adonnés au jeu de coqs ». L'île

---

(1) La forme hollandaise de ce titre est *sabandar* (Dubois, *op. cit.*, p. 49, etc. — *Recueil des voyages qui ont servi à l'établissement et aux progrès de la compagnie des Indes orientales*, t. I, p. 372.) Le sabandar était à Java le « premier officier », devant lequel passaient toutes les affaires qui regardaient les tributs.

(2) Il y avait eu autrefois des relations entre les deux pays, mais elles avaient cessé, dit Godinho, depuis 331 ans (*Ms. cit.*, f° 59).

(3) Pampang, la localité la plus importante qu'on trouve sur les bords de la baie de Balambuan, à laquelle elle a d'ailleurs imposée aujourd'hui son nom.

(4) Le fond du récit est néanmoins fort vraisemblable. On sait que c'est presque exactement de la même façon que les Palaos ont été révélées aux Espagnols des Mariannes et des Philippines, et que bien d'autres terres ont été découvertes dans les mêmes parages.

(5) Ruelens, *loc. cit.*, p. 618.

« a de tour et de circonférence plus de 600 lieues; on y voit
beaucoup d'*or*, de girofle, de muscade, de sandal blanc et
autres épices; elle est très-fertile, bien boisée, et produit
des aliments de tout genre; elle comprend plusieurs royaumes bien pourvus de villes et villages populeux, etc. (1). »
De l'*or*, partout de l'*or*: il n'en eût pas autant fallu pour
monter, en temps ordinaire, une expédition sérieuse. Mais
Affonso de Castro est tout à sa lutte navale contre les Hollandais, et ce n'est qu'en 1610 que Godinho obtiendra les
fonds nécessaires pour faire passer incognito à Java un
serviteur chargé de s'assurer de la réalité des faits avancés
par Chiay Masiure.

Voici la traduction du rapport inédit adressé à Godinho,
le 14 août 1610, par son envoyé anonyme, qui devait être
quelque Malais :

« Pour l'honneur de Votre Merci j'ai risqué la vie, partant de l'anse des Pêcheurs, dans une petite embarcation
de douze hommes, payés aux dépens des fonds de Votre
Merci, qui restent en mon pouvoir pour ce service. Et Dieu
nous assista si bien, que je perdis de vue la terre de Java
de la Sonde. L'autre jour, qui était le troisième du voyage,
apparurent les montagnes de Lucaantara et ensuite la terre.
Trois jours après je débarquai sur une côte déserte pour
n'être pas connu pour étranger, et seulement ma personne
avec un autre compagnon; en suivant la plage, je fus à la cité
où je demeurai trois jours et je notai être vrai ce dont
avait informé Chiai Maisiure sur la grande quantité d'or
et toute espèce de minerais et gommes, clous de girofles,
noix muscades, mastic, sandal et autres richesses. Et après
avoir acheté le nécessaire je fus vers l'embarcation et avec
le vent je retournai en six autres jours à l'anse des Pêcheurs,
où j'arrivai très-souffrant et restai dans la maison d'un
pêcheur mon ami, qui me fait mille honneurs, parce qu'il

______

(1) *Ms. cit.*, f° 56.

a connu Votre Merci à Malacca, comme ami de l'évêque don Juan Rybeiro Gaio.

» De l'anse de Mattaron (1) de Java de la Sonde, le 14 août de l'année 1610 (2). »

L'émissaire s'était, on le voit, à peu près conformé aux indications renfermées dans la lettre qui a été le point de départ de mes recherches. « Il faut savoir, écrivait à Francisco do Gama le cosmographe indien, que dans la mer d'Or il règne des tempêtes hivernales de mars à juillet », et il conseillait au vice-roi des Indes d'entreprendre aux mois d'août et septembre l'heureuse découverte.

Or le voyage du délégué de Godinho était terminé le 10 août. Il avait duré quinze jours; c'est par conséquent le 26 juillet qu'il avait été entrepris, si, ce que nous ignorons d'ailleurs, l'auteur de la *Carta de aviso* que l'on vient de lire, rentré malade à Mattaron, a pu rédiger, le jour même de son retour, le rapport sur son expédition.

Ce que nous dit du voyage même l'envoyé du *descobridor*, diffère d'ailleurs par plusieurs points importants du récit de Chiay Masiure. Son embarcation fait la route en six jours et non plus en douze comme la barque du roi de Damut, et dès le troisième jour on est en vue de la terre de Luca-Antara, quoique le point de départ ait été l'anse de Mattaron, plus éloignée dans l'ouest de trois degrés au moins que l'Arenon de Balambuan, d'où Chiay Masiure était parti neuf ans plus tôt.

Or c'est bien certainement dans une direction orientale que devait marcher l'espion envoyé par Godinho. C'étaient des Lamakeres de Solor qui avaient découvert l'île d'Or de son premier mémoire; c'est Timor, ou Savou qu'il

(1) L'anse de Mattaron, qu'on trouve indiquée dans quelques vieilles cartes de Java, paraît répondre à quelqu'une des petites baies de l'ancien Mataran, partagé aujourd'hui entre les résidences de Djokjakarta et Soera-karta et se trouve par conséquent à 3 degrés au moins à l'ouest de la baie de Pampang, l'ancien Balambuan.

(2) *Ms. cit.*, f° 56 v°.

proposait au vice-roi comme points de départ de l'entreprise de l'Or; c'est une prao timorienne, commandée par Francisco de Resende, qui, égarée dans sa route, avait découvert, peu d'années auparavant, une terre dont Godinho avait fait la Java-Major de Marco Polo et où le commerce de l'or se faisait sur la plage, les jambes dans l'eau jusqu'aux genoux; c'étaient enfin d'autres barques de Timor qui avaient visité par hasard Lucapiato et Lucatambini, l'île des Amazones (1).

Mais vers quel point de l'horizon oriental et à quelle distance de Java se trouve la Luca-Antara que l'on vient de découvrir? La carte retrouvée au *British Museum* par M. R. H. Major et publiée par ce savant historien dans l'*Archæologia* de 1861, puis dans la *Vie du prince Henri de Portugal* (2), place cette terre en Australie, immédiatement au nord de celle que les Hollandais ont nommée en 1616 terre d'Endracht, et par conséquent vers la terre de Van Diémen. Mais cette carte du *British Museum* n'est qu'une mauvaise copie d'une autre carte du xvii° siècle (3), qui fait partie d'un atlas manuscrit de Texeira, signalé depuis 1826 par Santarem; et d'ailleurs la position de Luca-Antara n'y est rien moins que précise.

Or Godinho, en affirmant que cette terre était peuplée par des Jaos d'une autre race que ceux de Java, mais n'en différant cependant que par des caractères ethnographiques. d'un ordre tout secondaire, exclut nécessairement l'Australie habitée par des naturels que leurs traits ne différencient pas moins complétement des peuples malais, que leur langue, leurs usages, etc. Nous allons voir que les indications hydrographiques s'opposent non moins formellement à l'hypothèse basée par M. R. H. Major sur sa découverte de 1861.

Pour qu'une embarcation, partie de Mataron, pût aper-

----

(1) *Ms. cit.*, f° 55 v°.
(2) R. H. Major, *op. cit.*, p. 442.
(3) Cf. Codine, *Bull. Soc. Géogr.*, 6° sér., t. VI, p. 104.

cevoir le troisième jour la côte N. O. de l'Australie, qu'en quelques points on peut voir de dix lieues en mer, il fallait qu'elle filât dix nœuds et demi par heure et fît, par conséquent, plus de vingt kilomètres. Cette vitesse est déjà beaucoup trop forte pour une embarcation même placée dans les meilleures conditions.

Or, au mois d'août, les vents régnants soufflent du S. E. et sont, par conséquent, tout à fait debout pour un bâtiment allant de Java en Australie. Les courants qu'ils produisent portent à l'ouest, et si un calme survient, il faut franchir une branche du grand courant australien occidental, qui dérivera considérablement le navire vers le nord-est.

Aussi M. l'ingénieur Gaussin, du dépôt des cartes de la marine, dont la compétence est si bien établie en matière d'hydrographie océanienne, n'hésite-t-il pas à déclarer le voyage en question tout à fait impossible dans les conditions indiquées par la lettre du 10 août 1610.

C'est plus au nord qu'il faut chercher la Luca-Antara de Chiay Masiure et de Godinho, et l'étude de la première carte dressée par ce dernier va nous fournir des données utiles sur sa véritable position.

III

Cette carte, tirée du manuscrit de Bruxelles que M. Ruelens a fait connaître en 1871 (1), est écrite à l'envers dans l'original, de sorte que le nord occupe le bas de la carte, que l'est y est à gauche, etc.

Afin d'en faciliter l'étude, j'ai rétabli les choses à leur place dans la copie réduite que je mets sous les yeux de

---

(1) Un fac-similé de cette carte accompagne le mémoire déjà cité de M. Ruelens. Le manuscrit dont elle est tirée est intitulé *Declaraçam de Malaca e India meridional com o Cathay en III Tract. ordenada por Emanuel Godinho de Eredia dirigido a S. C. R. M. de D. Phel. Rey de Espa. N. S.* 1613 (Bibl. roy. de Bruxelles, Ms. nº 7264).

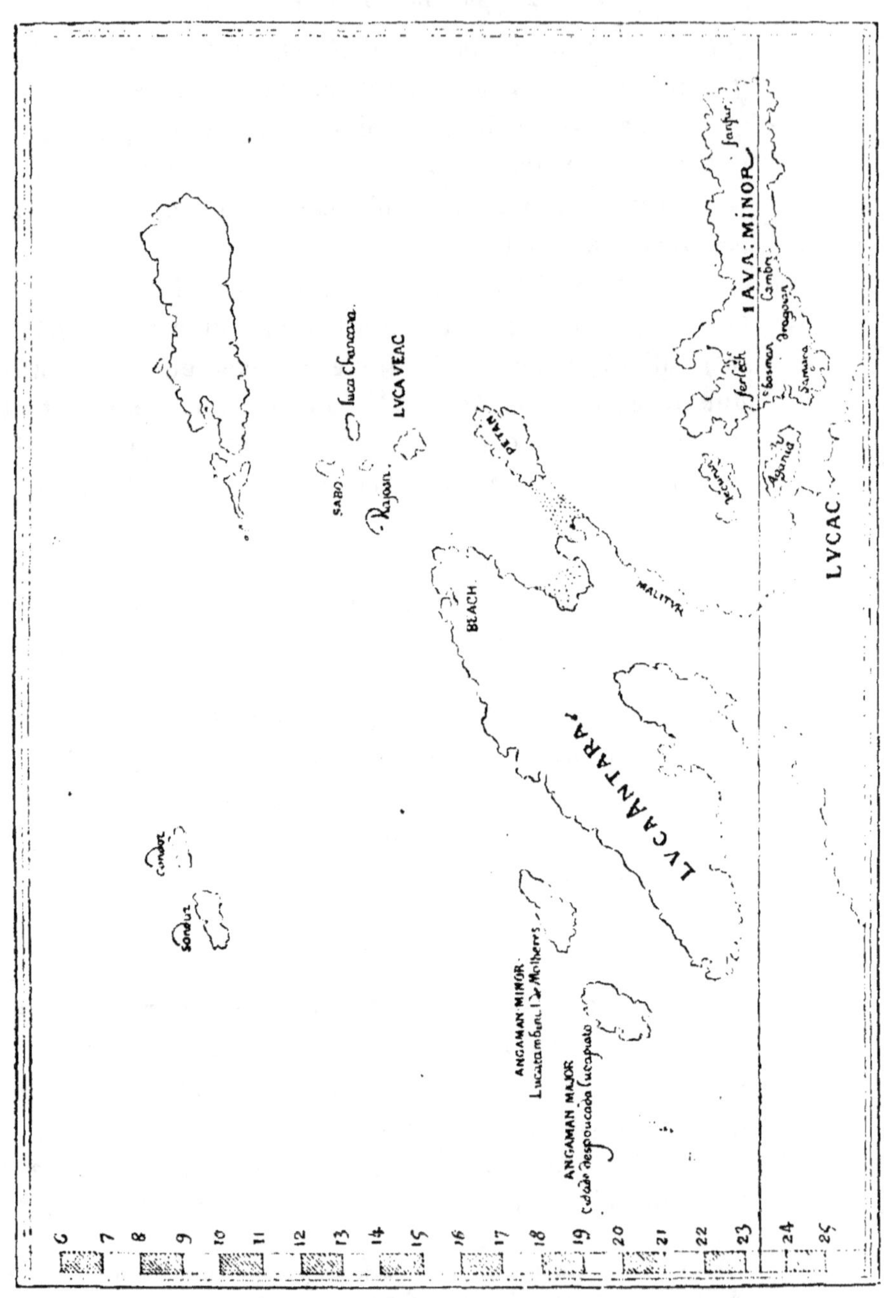

CARTE DE L'INDE MÉRIDIONALE DRESSÉE EN 1613 PAR GODINHO DE EREDIA,
D'APRÈS LE MANUSCRIT DE LA BIBLIOTHÈQUE DE BRUXELLES.

nos collègues. On reconnaît fort bien en haut et à droite
l'île de Timor avec ses dépendances assez exactement dessinées (1). La petite Poulo Gœlabatoe est à peu près à sa
place, mais fort agrandie, sur la côte nord ; la baie de Cou-
pang, très-exagérée dans ses dimensions, l'îlot de Kira,
plus loin Samao, Landoe, Rotti, Ndauw se retrouvent aisé-
ment, quoique cette partie de la carte soit entièrement
muette.

Droit au midi de Rotti, Godinho a tracé une île à côté de
laquelle est écrit le mot *Sabo* ; c'est sans aucun doute la
Sabbo de sa lettre à Gama, la Savou de nos cartes modernes,
considérablement déviée vers le sud. A côté et au-dessous,
une autre île porte le nom Rajoan, la Randjœwa des cartes
actuelles, la seconde des îles Savou, qùi devrait être au
sud-ouest de la première. Le groupe de Savou comprend
deux autres petites îles encore, Hokki et Danna. Ce sont
probablement ces îlots qui sont appelés dans la carte Luca
Veac et Luca Chancana (2).

Pour rétablir la véritable situation de Sabo et de Rajoan,
nous avons dû leur faire exécuter un quart de conversion
autour de l'extrémité occidentale de l'archipel timorien.
Si nous admettons que l'erreur de position, qui est certaine
pour Savou, ait lieu dans le même sens et avec la même
amplitude pour Luca Antara, dessinée au-dessous de ce

(1) Cf. W. F. Versteeg, *Kaart van de Residentie Timor* (*Atlas van Ne-
derslandsch Indië*, n° 28, 29, 1860, in 4°).

(2) Ce mot *Luca* se trouve fort souvent employé dans les cartes anciennes de l'archipel Indien. Dans la mappemonde dite de Henri II, publiée par Jomard, on trouve par exemple Lucapinho, Lucalam, Lucard,
Lucatara. Dans les cartes de Godinho on lit non-seulement Luca Antara,
Luca Veac, Luca Chancana, mais encore Lucapiato, Lucatambini. *Luca*,
suivant M. Favre, aurait le sens que nous donnons au mot *terre*,
et *Luca Antara* signifierait *terre intermédiaire*, terre du milieu, nom
assez heureusement donné, comme on va le voir plus loin, puisque la
terre à laquelle nous rapportons ce qualificatif est intermédiaire à Timor
et à la ligne des îles de la Sonde. C'est parce que Madura était dans la
même situation par rapport à la côte nord de Java et à Bali, qu'elle a
quelquefois reçu la même dénomination.

groupe, et que nous appliquions à cette terre un redresse-
ment semblable, nous arriverons à lui donner à peu près
la position qu'occupe sur nos cartes la grande île de Sumba
ou Sandelhout, l'île du Bois de Sandal.

Or les nombreuses conditions énoncées précédemment et
auxquelles la côte australienne ne pouvait pas satisfaire, se
trouvent remplies en ce qui concerne Sumba.

La distance de cette île au Mataram réduit à un peu plus
de six nœuds la vitesse de l'embarcation qui doit la
franchir dans les délais indiqués par le manuscrit portugais; la navigation au plus près du vent devient en même
temps praticable; enfin la route suivie rencontre l'une des
branches du grand courant australien occidental, celle que
l'on voit tracée sur les cartes spéciales presque immédiatement au-dessus du point d'émergence du courant équa-
torial de la mer des Indes. Ce courant porte directement
sur Sumba, qu'il enceint presque complétement, et son ac-
tion doit avoir pour résultat de détourner dans la direction
de cette île, si les vents régnants le permettent, la barque
de faible tonnage qui voudra le traverser.

Les renseignements fournis par l'émissaire de Godinho
sur les produits de Luca Antara s'appliquent à merveille à
Sumba, toute exagération à part. L'or alluvial n'y est point
rare, paraît-il, et les essences précieuses abondent; le sandal
y était même si commun jadis, que l'île en a reçu le nom
de Sandelhout ou Sandalwood.

J'ajouterai enfin que les rares documents anthropolo-
giques que l'on possède sur Sumba viennent à l'appui de
l'assimilation que je propose. On rencontre, en effet, sur les
côtes de cette île des populations demi-malaises, demi-in-
donésiennes (1) que Junghuhn (2) a cru devoir rapprocher

(1) Cf. E. T. Hamy, *les Alfourous de Gilolo d'après de nouveaux renseignements* (*Bull. Soc. Géogr.*, 6ᵉ série, t. XIII, p. 491, 1877).

(2) Junghuhn, *Die Battaländer auf Sumatra*, 2 th., s. 310. Berlin,
1817, in-8°.

des Battas de Sumatra, des Dayaks de Bornéo, etc., et pour lesquelles l'expression de Jaos d'une autre race, employée par Godinho, est vraiment bien appropriée. La langue de Sumba, pour si peu qu'on la connaisse, offre des rapports de parenté avec celle de Java, et il n'est point jusqu'à cet usage de porter les cheveux longs, indiqué par notre auteur, qui ne se retrouve chez les indigènes de la Sonde orientale. Tout cet ensemble de faits porte donc à penser que c'est l'île de Sumba dont Godinho a procuré la découverte.

L'étude des documents cosmographiques du XVIe siècle montre d'ailleurs que, tandis que l'archipel timorien était connu des géographes, et figuré avec plus ou moins de détails par quelques-uns d'entre eux, Sumba avait échappé aux recherches des premiers navigateurs. Les cartographes français Pierre Desceliers, Guillaume le Testu, etc., si supérieurs à la plupart de leurs contemporains, n'avaient connaissance que d'une façon très-vague des îles à l'ouest de Timor, et dessinaient au hasard dans ces parages des petites terres de nombre et de forme tout arbitraires (1).

Les cartes portugaises étaient moins bien renseignées encore. Celle de Domingos Texeira en particulier, tracée en 1573, ne montrait à l'est de Bali que trois îles représentant toute la Sonde orientale, et l'on n'y voyait aux alentours de Timor que quelques îlots, Samao sans doute, Rotti, etc.

Ce n'est que dans les cartes hollandaises de la fin du siè-

---

(1) On peut citer, entre autres, la mappemonde du Dauphin de 1530 (Major, *op. cit.*, p. 442), celle dite de Henri II, publiée par Jomard (*Monuments de la géographie*); celle de Desceliers de 1553, que l'on a pu admirer au congrès de 1875 (*Catalogue général. Autriche-Hongrie*, n° 147, p. 157), etc. Le planisphère de Guillaume le Testu de 1566 (*Ibid. France*, n° 11, p. 276) est mieux arrêté dans ses traits, et nous croyons bien reconnaître que les trois petites îles figurées à l'ouest de Timor sont Samao, Landoe et Rotti.

ele (1), cartes que Godinho ne pouvait guère connaître, que l'on croit pouvoir distinguer quelque chose se rapportant à Sumba, et jusqu'à la fin du xvIII[e] siècle les indications restent vagues. Les terres intermédiaires à Sumbawa et à Timor demeurent à l'état d'esquisse sans précision, et lorsque Cook, en septembre 1770, visite Savou, il constate qu'il n'existe point de carte dans laquelle cette île soit « marquée nettement ou avec exactitude (2) ». Ce n'est que dans l'œuvre de Dalrymple que l'on trouve une feuille spéciale pour Sumba, publiée par le grand hydrographe anglais le 7 août 1786, d'après une carte hollandaise communiquée par Sayer (3).

Revenons à la carte de Godinho de 1613. Ce qu'il reste à examiner de ce document présente un intérêt médiocre. L'auteur interprète sans la moindre critique, à la façon des cartographes du siècle précédent (4), les textes de Marco Polo, dont il ne semble d'ailleurs avoir en main qu'une mauvaise leçon. Voici Sondur et Condor, les îles Poulo-Condor des géographes modernes (5), jetées au hasard dans le nord-ouest de la carte ; Beach, la terre aurifère de la mer de Lantchidol ; Lucac pour Soucat, le royaume de Soucadana dans l'ouest de Bornéo ; Petan, Bintang, et le banc qui relie cette île, comme Marco Polo l'indique, à Malitur, Malaiour,

---

(1) La carte de l'archipel Indien de Linschoten et le portulan de Evert Gijsberts'soon de 1599 marquent au sud de Florès une longue bande étroite qui pourrait être la côte nord de Sumba, l'assimilation est toutefois encore douteuse.

(2) J. Cook, *Relation d'un voyage fait autour du monde dans les années 1769, 1770 et 1771*, trad. fr., livre III, ch. 9.

(3) *From a Dutch printed Chart communicated by M. Sayer.* — La côte nord seule de l'île est alors à peu près connue.

(4) Voir par exemple dans Santarem la mappemonde de Ruych de 1508, avec *Sodur, Candur, Java Maior, Peutan, Java Minor, Neucu* et *Acama*, ou encore l'*Orbis terrarum* d'Ortelius de 1587 et l'*Orbis Terræ compendiosa descriptio* de Rumold Mercator publiée la même année.

(5) Pauthier, *le Livre de Marco Polo, citoyen de Venise*, Paris, 1865, in-8º, p. 562 et suiv.

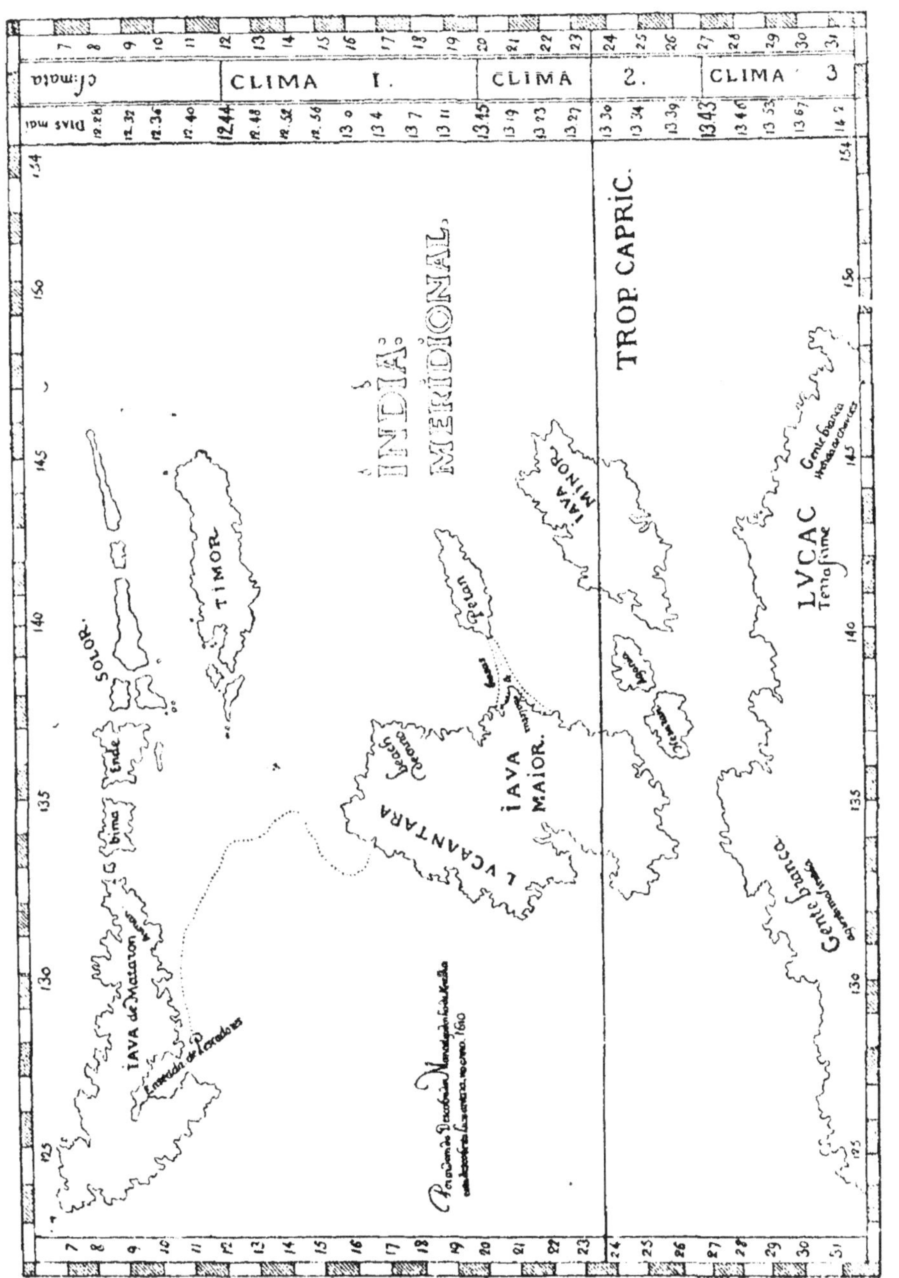

CARTE DE L'INDE MÉRIDIONALE, DRESSÉE EN 1616 PAR GODINHO DE EREDIA,
D'APRÈS LE MANUSCRIT DE LA BIBLIOTHÈQUE NATIONALE.

la côte de Malacca. Tout en bas et à droite, Java Minor,
Sumatra, divisée en six régions, comme l'exigent les textes
du grand voyageur italien, mais sans que l'on se soit fort
inquiété de les mettre juste à leur place (1) ; Necuran, Nan-
koury, l'une des îles Nicobar, enfin Agania, qui correspond
aux îles Andaman, et fait du reste double emploi avec les
Angaman Major et Minor, inscrites bien plus loin à l'ouest,
avec les qualificatifs de Lucatambini et de Lucapiato.

Dans la seconde carte de Godinho, datée de 1616, que
nous reproduisons ci-contre d'après le manuscrit de la Bibliothèque nationale de Paris, les deux Angaman sont sup-
primées, Java Minor est beaucoup réduite ; enfin l'auteur,
qui identifie toujours sa Luca Antara, dont il a modifié la
forme, avec Beach de Ouro, la confond (2) avec la Java
Major des cartes antérieures, mais reconnaît qu'il s'agit
d'une île distincte du continent austral.

D'où lui sont venues ces nouvelles lumières? D'où a-t-il,
en particulier, tiré le tracé qui montre la route de son envoyé, depuis l'*Enseada de Pescadores*, l'anse des Pêcheurs
de Mataron, jusqu'à Luca Antara?

Rien ne peut actuellement nous éclairer sur ces modifi-
cations, mais nous trouvons dans le manuscrit qui a servi
de base à ce travail des explications fort intéressantes sur
d'autres découvertes australes demeurées, jusqu'à présent,
en partie inconnues aux historiens de la géographie.

IV

La rencontre d'un mauvais brouillon de carte inédit de
la fin du dernier siècle, inspiré de celles de Godinho, avait

(1) Ces six régions de Java Minor sont, du sud au nord, dans Marco
Polo, les royaumes de Fansur (Pasouri?) Lambry, Angrinam (Indragiri)
Samara (Samalanga) Basman (le Paçem sur la côte nord de Sumatra), et
Ferlec ou Ferlac (le Tandjong Perlak au N. O. de l'île). Godinho inscrit
de l'E. à l'O., ou à peu près, les six noms *Fansur. Lambri. Dragoian.
Samara, Basman* et *Ferlech*
(2) Cf. *Ms. cit.*, f° 56.

suffi à M. Major pour l'autoriser à affirmer que l'honneur de la découverte du continent australien devait être transporté *sans aucune équivoque* de la Hollande au Portugal. L'étude attentive et minutieuse que nous venons de faire des documents originaux, dont la pièce du British Museum est dérivée, prouve que rien, dans l'œuvre même de Godinho, ne justifie cette assertion. Les prétentions des Portugais à cette grande et glorieuse découverte restent d'ailleurs entières en ce qui concerne le xvi° siècle. Tout porte même à croire que c'est à quelqu'un des nombreux navigateurs portugais qui sillonnaient la mer des Indes dès 1511, que sont dus les premiers renseignements positifs sur l'Australie (1). Au commencement du xvii° siècle, les Hollandais entrent en scène à leur tour; ils n'ont pas à tenir compte des démarcations pontificales grâce auxquelles tant de découvertes, exécutées par les Espagnols et les Portugais en dehors des limites respectives de leurs concessions, ont été défigurées à dessein ou sont demeurées inédites. Ils se lancent hardiment vers l'est et vers le sud, et les renseignements recueillis par le *descobridor* nous les montrent touchant dès 1606 à des terres australes inconnues ou oubliées.

Au bas de la carte de Godinho du manuscrit de 1616, on voit tracée, du 124° au 149° degrés, une côte sinueuse dont les parties les plus saillantes vers le nord répondent aux 135° et 143° degrés de longitude. La latitude en est située tout entière sous le troisième climat, et le chiffre le plus bas qu'elle marque est 31° environ.

Ces vingt-cinq degrés de côtes ne sont pour notre auteur, comme pour ses prédécesseurs, qu'une partie du continent austral qu'il prolonge vers l'ouest avec Mercator, etc., jusqu'à une terre des Perroquets, *regiao de Papagaios* ou regio

---

(1) Cf. *Tratado que compôs o nobre e notavel Capitaõ Antonio Galvaõ dos diversos e desuayrados caminhos por onde nos tempos passados a pimenta e especeria.* Ed. Soc. Hakluyt. London, 1862, in-8°, p. 115-116, etc.

Psittacorum, et sous certaines réserves jusqu'au détroit de Magellan.

Or le cosmographe indien nous montre, comme il l'avait fait dans la *Declaraçâm* de 1613, mais avec plus de détails peut-être, un vaisseau hollandais visitant, en 1606, la terre des Perroquets. C'est le navire d'un amiral hollandais nommé *Cornelio Malodina* (1).

Entraîné par les courants loin du reste de la flotte partie pour Malacca, il cherche à faire de l'eau et du bois, et l'équipage débarque dans une chaloupe, sans trouver de résistance, sur une terre qu'on ne nous décrit point, située sous le méridien de San Lourenço (Madagascar), et par 48 degrés de latitude sud. Les Hollandais sont bien accueillis par un peuple blanc ressemblant à des Portugais mal vêtus, couverts de chemises tissues d'herbes, n'ayant d'autres armes que des javelines, des arcs et des flèches, mais bien approvisionnés. Ces naturels emploient un grand nombre de mots portugais, et beaucoup d'artillerie de bronze aux armes de Portugal est en leur pouvoir. Après s'être fort émerveillés d'une semblable rencontre, les Hollandais, munis du nécessaire, continuent leur route vers Malacca (1606) (2).

Ces hommes retombés, au moins à certains égards, dans un état voisin de la barbarie, étaient, paraît-il, des Portugais provenant du naufrage de deux navires de la flotte de François Albuquerque en 1503. Par ordre du roi don Manuel, deux vaisseaux commandés par C. Barbosa et B. Coresma les avaient vainement cherchés en 1506, tant à la

(1) On pourrait supposer que ce Corneille Malodine n'est autre que l'amiral Cornelis Matelief, allant assiéger Malacca. Le récit du voyage de ce dernier ne mentionne pourtant aucune course dans la direction du sud entre le mouillage à Maurice et l'arrivée en vue de Sumatra (*Rec. cit.*, t. V, p. 264). Si l'aventure est exactement racontée, c'est bien plutôt à l'un des navires partis de la Meuse, l'*Erasme* ou les *Provinces-Unies*, qu'elle est arrivée, ces deux vaisseaux n'étant parvenus que longtemps après les autres en rade de Malacca (*Ibid.*, t. V, p. 317).

(2) *Ms. cit.*, f° 60.

côte de Bonne-Espérance qu'à celle de San Lourenço. Ils n'avaient pas pu en découvrir de trace, et ce n'est qu'en 1560 que Rui de Melo de Sampaio, commandant le navire *Saint-Paul* (1), parvenu à la terre des Perroquets, put y voir les demi-sauvages dont on a recueilli, quarante-six ans plus tard, la description qu'on vient de lire.

Cette *regiao de Papagaios* est sans doute une des petites îles perdues au milieu de l'océan Austral. Son nom s'expliquerait par le nombre immense de pingouins que nourrissent ces terres et qui ont pu jusqu'à un certain point être pris, par des marins ignorants du xvi° siècle, pour une espèce quelconque de perroquets exotiques. Le nom que porte aujourd'hui une de ces îles rappelle précisément celui de ce navire *S. Paulo* que commandait Sampaio, et la triste aventure des Portugais de 1503 fait involontairement penser à ces naufrages modernes dont les observateurs du passage de Vénus ont rapporté de si lugubres impressions. Si c'est au *S. Paulo* de 1560 que l'île Saint-Paul doit le nom qu'elle porte dans la carte de Gisbertsoon, les Hollandais perdront l'honneur de la priorité de sa découverte, mais l'histoire de leurs navigations dans ces parages remontera simultanément de quatre-vingts ans dans le passé (2).

Je reviens au continent austral de la carte de 1616. Go-

(1) Guillaume le Testu, dans la mappemonde citée plus haut et dont l'original appartient au ministère des affaires étrangères, avait fait allusion à ce voyage de Sampaio dans les termes suivants : « *Aulcuns Portugeys Allans aux Indes Furent par Contrariété de Temps trâsportés Fort Su du Cap de Bonne espérance Lesquels Firent Raport Que Ils avoient eu Quelque Cognoissance de Ceste Terre. Toutefoys pour Navoir esté descouverte Aultremt je lay seullemt ycy Notée Ny voullant adiouter Foy.*

(2) Le portulan de Evert Gijsberts Soon de 1599, qui est à la Bibliothèque nationale, où il figure dans l'exposition géographique, montre une île occupant une situation un peu plus orientale que celle donnée antérieurement à la terre des Perroquets, et à côté de laquelle on lit l'inscription portugaise suivante : *I q descobrio a nao S. Paulo.*

dinho y a inscrit sous le même méridien que sa Luca Antara une *Gente branca agreste mal vestida,* sur laquelle il a réuni les renseignements qui suivent (1) :

Il raconte que « les corsaires du navire amiral de Jacob Usquerqe, qui emmena le navire de la Chine pour Hollande », passant par « la terre haute de Lucach », cherchèrent à faire de l'eau et du bois parce que c'était un pays très-agréablement planté d'arbres. Quelques-uns des corsaires s'apprêtèrent à débarquer de la chaloupe sur la plage avec leurs arquebuses sans pouvoir y réussir, par suite de la grande résistance qu'ils éprouvèrent de la part d'hommes aussi blancs que des Espagnols, vêtus de chemises « tissues de fils d'herbes » et armés de bâtons de bois « parce qu'ils manquent de fer ». Quelques Hollandais furent tués à coups de pieux, les autres se retirèrent à bord en se défendant avec leurs arquebuses et le navire continua sa route vers Porto Seguro.

Godinho place le fait en 1604. C'est en effet en février 1603 que Jacques van Heemskerk, muni d'une commission régulière des états généraux, avait attaqué et pris près de Johore, dans le détroit de Singapore, une grosse caraque de Macao, richement chargée et montée de plus de 700 hommes. Cette capture de Heemskerk fut d'autant plus remarquée qu'elle représentait la première atteinte un peu grave portée au commerce portugais dans l'extrême Orient. Aussi les Hollandais en ont-ils conservé le détail qu'on trouve dans toutes leurs histoires (2).

Les renseignements font complétement défaut sur l'itinéraire suivi par van Heemskerk et ses compagnons pour rentrer en Hollande, à la suite de l'expédition maritime de 1603-1604. On peut toutefois affirmer sans aucune hésitation que la terre haute de Lucach où les fait aborder notre

____

(1) *Ms. cit.,* f° 59 v°.
(2) Dubois, *op. cit.,* p. 6, etc.

géographe, n'est ni l'Australie ni aucune des terres méla-
nésiennes.

Les hommes aussi blancs que des Espagnols, rencontrés
par les Hollandais, ne sauraient être dans ces parages que
des Polynésiens. En lisant le texte de Godinho, qui les
montre vêtus de chemises tissues d'herbe, et se défendant
courageusement contre les envahisseurs avec des armes
toutes primitives, on se sent porté à supposer que Heemskerk avait bien pu être entraîné jusque vers les côtes de la
Nouvelle-Zélande, les seules qui répondent à la courte description qui nous a été conservée par le cosmographe
indien.

Une autre *gente branca*, celle-ci beaucoup plus policée
et plus hospitalière, vêtue même d'étoffes de soie et de
mousseline rouge, occupe sur le continent austral de Godinho la région qui correspond au méridien de Timor.

Ce sont des naturels de Banda et des Moluques qui ont
affirmé ce fait, aussi inacceptable que les précédents, en tant
qu'on rapporterait les renseignements ainsi fournis à la côte
nord du continent australien, exclusivement peuplée par
des tribus noires fort sauvages. Nous tirerions, s'il est
nécessaire, de ces derniers détails empruntés au *descobri-*
dor, de nouveaux arguments contre l'assimilation proposée
entre la *terra firme* de Lucac et les terres d'Arnhem ou de
Van Diémen.

Ces indications sont, avec les renseignements que nous
avons précédemment utilisés, tout ce que renferme de vraiment précieux l'ouvrage de Godinho qui a servi de base à
cette notice. Ce qu'il dit dans le *Traité Ophirique*, placé en
tête du manuscrit de la Bibliothèque nationale (1), et dont

(1) Il ne sera pas inutile de donner ici le sommaire de ce traité. A la
suite d'un envoi au roi daté de Goa 1er décembre 1616, et d'une préface
au pieux lecteur, commence la première partie du livre *Primeira parte*, in-
titulée *Do destricto : de : Tharsis : e : Ophir do antigo : mundo*. Elle
comprend onze chapitres. 1 *Da repartiçaõ do antigo mundo.* 2 *Da pouca*

nous n'avons pas encore parlé (*Tratado Ophirico ordenado por : Manuel : God°. de Eredia : mathe°., dirigido : a : Dom : PHilipe : Rey : de : Espana Nosso : Senhor : ano : 1616*) : sur Tharsis, Ophir, l'Inde grande et petite, le Paradis terrestre, l'Enfer centre du monde, l'*Aurea regio*, le *Siam*, etc., est presque entièrement dénué d'intérêt. On peut dire autant de la plupart des cartes dont l'ouvrage est orné. J'en excepte toutefois une carte de Guzerate qui, sans être bien exacte, contient pourtant des renseignements originaux. On sait par un passage du *Sumario da Vida* que Godinho avait eu une mission spéciale dans ces parages.

Les navigations du roi Salomon, seconde partie du livre d'O-phir (1), et la troisième partie, qui traite d'*Arsareth Tarta-ria* (2), ne renferment guère, dans leurs vingt et un chapitres, que des choses connues. Godinho avait d'ailleurs traité de presque toutes ces matières dans la troisième partie du manuscrit de 1613 dont M. Ruelens a donné l'analyse, ainsi que nous l'avons déjà dit. C'est à la suite de ces trois parties

---

noticia de outros mundos. 3 *De Tharsis*. 4 *De Ophir*. 5 *De Indias geraes di Asia*. 6 *Da India maior di Ophir*. 7 *Da India menor di Ophir*. 8 *Do Parais terreal*. 9 *Do Inferno centro de mundo*. 10 *De aurea regio*. 11 *De monarchia de Siam* avec quatre cartes : *Tabula Tharsis Ophir; Taboa do Sertam de Sion. chamado Ora. Ophas. Ophir; Persia; Gosarate;* et une planche représentant un habitant fantastique de Zanzi : *Gente da ilha Zanzi*.

La deuxième partie, ayant pour titre *Da navegaçam : de Salomon*, contient trois cartes : *Tabula navigationis Salomonis; Taboa de Indias; Ophi-rica regio.*, et dix chapitres : 1 *Da navegação de Salomon;* 2 *Da frotta de Salomon;* 3 *Dos portos de Salomon;* 4 *Das opinioés di Ophir;* 5 *De Serica ou Attay;* 6 *Do Sim et Mansim;* 7 *De Sinas imittar Phenices;* 8 *De Scy-thas;* 9 *De Monarchia de Tartaros;* 10 *Da Christiandade do Attay.*

La troisième partie, divisée en onze chapitres illustrés de trois cartes, a pour titre *Da regiam : Arsareth Tartaria.* 1 *Da Prisaõ de Osée Rey de Samaria;* 2 *Do Ryo Euphrates;* 3 *Do Camino pera Arsareth;* 4 *Da Região de Arsareth;* 5 *De Astratan;* 6 *De Turcastan ou Turan ou Turca;* 7 *Da Persia ou Pharsis;* 8 *Do Indostan ou Mogor;* 9 *Do Gosarathe;* 10 *De Tar-taria;* 11 *Do mar Caspio.* Les cartes de cette troisième partie sont : *Ta-bula de Arsareth; Taboa da Persia.* et *Taboa de China com Cathai.*

(1) *Ms. cit.*, f° 23.
(2) *Ibid.*, f° 38.

que prennent place, dans le manuscrit (1), l'*Informaçâm da India meridional* et le *Sumario da Vida* que nous venons de commenter.

Quelques études sur la minéralogie du district de Goa et en particulier sur les mines de cuivre et de fer de Corlin, Duiar, etc., avaient, avec la rédaction de ces divers textes, employé jusqu'à la fin de 1616 le reste d'activité dont Godinho pouvait encore jouir. Le bibliographe portugais Barbosa Machado lui attribue, dans sa bibliothèque lusitanienne (2), une sorte d'hagiographie composée vers le même temps et dont le héros est un missionnaire, Monteiro Coutinho, martyrisé par le roi d'Achem, Rajamancor, en 1588 (*Historia do martyrio de Luiz Monteiro Coutinho que pedaceo por ordem do Rey Achem Raiamancor no anno de 1588, dedicada ao illustrissimo D. Aleixo de Menezes Archebiscopo de Braga, cuja dedicatoria foy feita em Goa a 11 de novembro de 1615, fº ms. com varias estampas*).

On remarquera que ce nom de Coutinho est précisément celui du gendre que Godinho avait donné à sa fille Anna, née le 17 avril 1587 et mariée à 16 ans, en 1603, à Alvaro Pinto Coutinho. Il n'est pas invraisemblable de supposer qu'il existait entre le missionnaire tué par ordre de Rajamancor et le gendre de son biographe des liens de parenté. Du moins nous expliquons-nous de cette façon la rédaction de cet ouvrage, si complétement en dehors des travaux habituels de notre géographe.

Alvaro Pinto Coutinho avait été choisi par Godinho pour lui succéder, en cas de mort, dans l'entreprise de l'Inde méridionale, dès 1601, deux ans par conséquent avant son mariage et presque immédiatement après le voyage de Chiay Masiure. Godinho avait à cette même époque perdu son unique fils Manuel Aquaviva, à l'âge de treize ans, et à la

<hr>

(1) *Ms. cit.*, fº 51.
(2) T. III, p. 275.

veille de partir pour une expédition aventureuse, il voulait assurer la continuation des efforts qu'il poursuivait depuis plus de sept ans.

Nous ignorons la date de la mort de Godinho. Peut-être a-t-il encore assisté, de Goa où il s'était retiré, à la fondation de Batavia (1619), et connu, avant de mourir, les découvertes des continuateurs de l'œuvre des Heemskerk et des Matelief. Le successeur qu'il s'était choisi n'a point accompli sa mission, rendue de plus en plus difficile d'ailleurs par la décadence plus profonde chaque jour des colonies portugaises des Indes. Les manuscrits de Godinho sont demeurés enfouis dans quelques collections publiques et privées, son nom même était complétement oublié quand M. Major l'a lu en 1861 sur une carte du xviiie siècle. Ce nom n'est certainement pas celui d'un *descobridor* du continent austral, comme le savant anglais l'avait pensé ; mais il s'y rattache la connaissance d'un certain nombre de points intéressants relatifs à l'évolution des sciences géographiques au commencement du xviie siècle ; et, à ce titre au moins, il paraît devoir légitimement occuper une petite place dans l'histoire des découvertes australes.

(Bull. de la Soc. de Géogr., 1878.)

PARIS. — IMPRIMERIE DE E. MARTINET, RUE MIGNON, 2.